COLECCIÓN POPULAR

559

EL CAPITALISMO GLOBAL

Traducción de
JORGE EDUARDO NAVARRETE

CELSO FURTADO

EL CAPITALISMO GLOBAL

COLECCIÓN
cfe
POPULAR

FONDO DE CULTURA ECONÓMICA
MÉXICO

Primera edición en portugués, 1998
Primera edición en español, 1999

Se prohíbe la reproducción total o parcial de esta obra
—incluido el diseño tipográfico y de portada—,
sea cual fuere el medio, electrónico o mecánico,
sin el consentimiento por escrito del editor

Título original: *O capitalismo global*
Publicado por Paz e Terra, São Paulo, 1998
ISBN 85-219-0310-3

D. R. © 1999, Celso Furtado

D. R. © 1999, Fondo de Cultura Económica
Carretera Picacho-Ajusco, 227; 14200 México, D. F.

ISBN 968-16-5858-2

Impreso en México

PREFACIO

Ya nadie puede pasar por alto la fantástica concentración de poder que en nuestros días se advierte en los llamados *mercados financieros,* dominados por la especulación cambiaria. Con el avance de la globalización, esos mercados son ahora los más rentables. Por ello, y cada vez más, la distribución del ingreso en el mundo responde a las operaciones virtuales efectuadas en el sector financiero. Ésta es la manifestación más clara de una realidad que se impone y que bien puede denominarse *capitalismo global,* germen de un futuro sistema mundial de poder. La configuración de ese sistema de poder y su institucionalización —incluyendo el papel que en él corresponderá tener al dólar— se convertirán en la principal tarea política de los próximos decenios. El proyecto europeo de creación de una moneda única y de integración de los bancos centrales, que va a implantarse en el futuro próximo, será la primera gran experiencia de política monetaria multinacional, y puede verse como un intento de influir en la configuración de ese nuevo poder mundial.

Debe ser motivo de preocupación el papel que corresponderá a los estados-nación en este nuevo diseño político, ya que de él va a depender la distribución del ingreso generado en sistemas productivos cada vez más interrelacionados. No debiera haber duda alguna de que seguirá habiendo espacio para el ejercicio de la voluntad política, siempre que ésta se exprese vigorosamente.

Las reflexiones contenidas en las páginas que siguen señalan algunas de las vías que es necesario explorar si se desea influir en la configuración de la nueva estructura de poder que ahora despunta y de la que no es posible escapar.

Celso Furtado

París, abril de 1998

I. EL LARGO CAMINO DE LA UTOPÍA*

Influencias intelectuales

Mi formación intelectual se desarrolló bajo una triple influencia. Al principio, me sedujo el positivismo, la idea de que la ciencia genera el conocimiento en su forma más noble. No se trataba de un comtismo primitivo, sino de la confianza en la ciencia experimental como herramienta para descubrir los secretos de la naturaleza.

En seguida llegó la influencia de Marx, por medio de Karl Mannheim, el autor de la sociología del conocimiento, que refirió el conocimiento científico a su contexto social. Ése fue el punto de partida de mi interés por la historia como objeto de estudio.

La tercera corriente de pensamiento que influyó en mí fue la sociología estadunidense, por intermedio de Gilberto Freyre. *Casa-Grande e Senzala*[1] me descubrió la dimensión cultural de los procesos históricos. Este contacto con la sociolo-

* Una primera versión de este texto apareció en la revista *Economia Aplicada*, vol. 1, núm. 3, julio-septiembre de 1997, São Paulo.
[1] Gilberto Freyre (1900-1987). Existe traducción al español: *Casa-Grande y Senzala*, Biblioteca Ayacucho, Caracas, 1977. [N. del T.]

gía norteamericana corrigió los excesos de mi historicismo.

Considero importante que mi acercamiento al marxismo se haya dado a través de la sociología del conocimiento. Cuando leí *El capital,* en un curso de marxismo que hice después de la guerra en el Instituto de Ciencias Políticas, en París, ya sabía suficiente macroeconomía moderna como para no dejarme seducir por un determinismo económico que disponía de una explicación para todo por la vía de la simplificación del mundo.

La actividad del investigador

Las motivaciones del investigador son numerosas. La fundamental, sin embargo, es la confianza en la propia imaginación —y el saber explotarla—. Esa confianza se traduce en la convicción de que es posible intuir una realidad de la que apenas se conoce un aspecto, a semejanza de lo que hace el paleontólogo. De este modo, el valor del trabajo del investigador comporta la mezcla de dos ingredientes: imaginación y coraje para arriesgarse en la búsqueda de lo incierto. Lo anterior me conduce a la siguiente afirmación: hacen ciencia quienes son capaces de ir más allá de ciertos límites, definidos ahora por el mundo universitario. De ahí surge la tendencia al predominio de los "productos enlatados", que constituyen la base del conocimiento académico. Debido a razones que no corresponde estudiar aquí, muchas personas de talento se frustran en el ambiente universitario.

Muy pronto advertí que, de atreverme a usar la imaginación, entraría en conflicto con el *establishment* de la sabiduría económica de la época. La alternativa consistía en resignarse a reproducir la sabiduría convencional, notablemente pobre, dada nuestra dependencia en el área del conocimiento científico. No es fácil explicar que nos hayamos rebelado y comenzado a echar mano de la propia imaginación. Fue eso, precisamente, lo que ocurrió en América Latina: nos decidimos a identificar nuestros problemas y a elaborar su tratamiento teórico. Estaba allí, esperando ser captada, una realidad histórica latinoamericana y, más particularmente, brasileña. El surgimiento de la CEPAL, en los primeros años de la posguerra, permitió que la confianza en nosotros mismos diese tal salto.

Pero no basta disponer de herramientas eficaces. Para actuar de forma consistente en el terreno político, es decir, para asumir la responsabilidad de interferir en un proceso histórico, hay que adoptar compromisos éticos. La ciencia es una creación humana deslumbrante, pero en buena medida está condicionada por la sociedad de la que surge. El hecho de que en el siglo XIX surgiesen teorías muy elaboradas sobre las diferencias raciales no fue del todo ajeno a la política expansionista de algunos países europeos. Las ciencias sociales ayudan al hombre a resolver problemas prácticos de distinta naturaleza, pero también contribuyen a conformar la imagen del mundo que prevalece en una sociedad determinada. En esta forma, sirven de base al sistema de dominación que ellas mismas legitiman. Por ello, es natural que las estructuras de poder procuren cooptar a los hombres de ciencia y que el control de la orientación de las investigaciones sea objeto de tantas controversias.

Cuando inicié mi trabajo teórico, se debatía en profundidad si debía privilegiarse la política de industrialización de Brasil. Dicho en palabras de hoy: ¿cuál es la mejor política de desarrollo? ¿Adoptar una política industrial o confiar para todo en el mercado? La respuesta a estas cuestiones no es independiente de la identificación de las fuerzas sociales que controlan las decisiones económicas estratégicas. En los primeros años de la posguerra, las fuerzas sociales dominantes en Brasil estaban vinculadas a los intereses rurales y a los del comercio exterior. Pero existía ya el germen de un núcleo industrial, circunscrito apenas a ciertas áreas. Advertí pronto que el proyecto de modernización del país tendría que apoyarse en estas fuerzas.

Mi largo itinerario vital estuvo delimitado, así, por dos referencias principales: el compromiso ético con los valores universales, que trascienden todas las formas de parroquialismo, y la confianza en el liderazgo de las fuerzas sociales cuyos intereses coinciden con los de la colectividad nacional.

Imaginación "versus" ciencia institucionalizada

También debe recordarse que la lucha que libramos en la CEPAL se opuso a una "academización" precoz de la ciencia, que acaba subordinándola a limitaciones que inhiben la creatividad: aquel que no utiliza cierto lenguaje o adopta ciertos modelos queda descalificado, independientemente de lo que tenga que decir. La ciencia institucionalizada es siempre conservadora. Véase cualquier revista de economía "clase A" en inglés. Sus criterios de selección de los artículos que han de publicar comportan un visible contenido ideológico.

En Brasil, las publicaciones de economía estuvieron, hasta los años cuarenta, en manos de aficionados. La primera publicación rigurosamente académica apareció en 1947: la *Revista Brasileira de Economia,* de la Fundación Getúlio Vargas (Río de Janeiro). La orientación de esta revista, que se nutría en lo esencial de traducciones de publicaciones inglesas y estadunidenses, era dictada por el profesor Eugênio Gudin,[2] que seguía una estricta ortodoxia liberal. Para enfrentar esa corriente, en 1950 fundamos *Econômica Brasileira,* publicación de un Club de Economistas, recién establecido, que reunía a personas de orientación "de izquierda" o simplemente "nacionalistas".

No debe perderse de vista que, por encima de los debates entre escuelas de pensamiento o incluso de ideologías, la ciencia siempre tiene que explicar problemas inesperados, que eluden el control social. Ninguna sociedad consigue librarse por completo de la acción de los herejes, y nada ha tenido tanta importancia en la historia como la he-

---

[2] Eugênio Gudin (1886-1986), principal exponente de la escuela monetarista brasileña. [N. del T.]

rejía. La verdad es que siempre surgen individuos dispuestos a luchar por ideas nuevas, arriesgando posiciones de prestigio e intereses económicos. Tengo dos hijos dedicados a la investigación (uno físico y otro economista), y sé lo difícil que es obtener recursos para esa tarea, si se quiere preservar la autonomía en la selección de los temas que serán investigados.

El trabajo de vanguardia siempre enfrentó resistencias, dentro y fuera de las universidades. El surgimiento de la CEPAL fue algo tan inesperado que suscitó perplejidad. Lo cierto es que también en las agencias de las Naciones Unidas se practicaban algunas formas de censura. Veladamente, se prohibían ciertos temas. Algún trabajo se descalificaba alegando que se trataba de un texto "ideológico". Gracias al liderazgo del economista argentino Raúl Prebisch,[3] se estableció en esa institución un ambiente singular, que hizo posible el surgimiento de una nueva visión de la realidad latinoamericana y, de manera ejemplar, de la brasileña. Fue entonces cuando se puso en claro que Brasil, que había acumulado tan grande retraso, disponía de un camino de acceso a la modernidad, y que ese camino era el de la industrialización. Entre los latinoamericanos, Brasil era el país que contaba con las mejores condiciones para industrializarse y, tal vez por eso, era también el que más había resentido la ausencia de una política explícita de industrialización. Por ello, cuando esa

---

[3] Raúl Prebisch (1901-1986) fue secretario ejecutivo de la CEPAL de 1950 a 1963. [N. del T.]

opción fue elegida, en el segundo gobierno de Vargas,[4] el proceso se intensificó, ganó complejidad y alcanzó una posición de vanguardia en el escenario latinoamericano.

A comienzos de los años cincuenta regresé a Brasil, en el marco de un acuerdo entre la CEPAL y el BNDE,[5] que acababa de ser establecido, para realizar un estudio de las perspectivas de la economía brasileña y proyectar su crecimiento, que terminó sirviendo de base para que Juscelino[6] elaborase su Programa de Objetivos. En ese momento, constituyó una investigación de vanguardia, pues no había familiaridad con las técnicas de planeación macroeconómica. Había investigado esta materia en Francia y dirigí un grupo de trabajo de la CEPAL que preparó un manual de técnicas de planeación, que se usaba por primera vez. Se trataba de una estrategia de desarrollo basada en la identificación de las principales variables macroeconómicas y de los puntos de estrangulamiento estructural, particularmente aquellos vinculados a las relaciones con el exterior.

Hoy en día los recursos son mucho más abundantes y hay mayor número de personas preparadas, pero, según parece, es menor la posibilidad de innovar, de usar la imaginación. La economía

[4] El segundo gobierno de Getúlio Vargas (1883-1954) se extendió de 1951 a 1954. [N. del T.]
[5] Banco Nacional de Desenvolvimento Econômico, creado en 1952 como banco estatal de desarrollo. En 1982 fue transformado en el Banco Nacional de Desenvolvimento Econômico e Social (BNDES). [N. del T.]
[6] Juscelino Kubitschek de Oliveira (1902-1976), presidente de Brasil de 1956 a 1961. [N. del T.]

va avanzando en la búsqueda del formalismo, de los métodos que dieron gloria a las ciencias naturales. Ahora bien, el objeto de estudio de las ciencias sociales no es algo perfectamente definido, como un fenómeno natural, sino algo evolutivo, que surge de la vida de los hombres en sociedad. Las ciencias sociales admiten la evidencia de que la vida humana es, en buena medida, un proceso de creación consciente, lo que implica postular el principio de la responsabilidad moral.

Las herejías y las heterodoxias tienen un papel importante en la historia del hombre. Un consenso presente en todas partes revela, sin duda, que se atraviesa por una fase de escasa creatividad. Es claro que, en determinadas sociedades, es muy alto el precio que se paga por disentir. Pero el hecho de que haya habido gente dispuesta a ofrendar la vida en defensa de las ideas es indicio de la importancia del papel que a éstas cabe en la formación de las sociedades.

Tengo la impresión de que, en una sociedad que ha alcanzado el nivel de desarrollo de la brasileña, se dispone de recursos para financiar la investigación en diversos campos, si los investigadores se esfuerzan por preservar cierto grado de autonomía. Ya no se corre el riesgo de la hoguera, como en la época de Galileo, sino el de permitir ser cooptado o seducido por prebendas. Me sorprende que el tema de mayor relevancia en la actualidad —el de la exclusión social— no tenga prioridad en los programas universitarios. La verdad es que no ha surgido una teoría de la desocupación estructural comparable a la de la desocupación cíclica, que se estudiaba en mi época.

Parece haber una relación directa entre opulencia y conservadurismo en la sociedad. Estuve exiliado por algún tiempo en los Estados Unidos, como investigador visitante en la Universidad de Yale. Allí escribí un trabajo teórico sobre el subdesarrollo, ese fenómeno social al que suele confundirse con el atraso y la pobreza. Dicté una conferencia sobre el tema a profesores e investigadores. Quedé satisfecho, considerando que había hecho valer mi argumento. Pero el primer comentarista habló con franqueza: "es muy interesante lo que propone, pero dudo mucho que obtenga financiamiento para realizar una investigación sobre el tema. Ninguna revista de prestigio se interesa por ese tipo de asuntos". No había más qué decir. Guardé mi guitarra en el saco, como se dice en mi tierra.

Elaboración de "La formación económica del Brasil"

La gente dice que la suerte ayuda... a quien tiene suerte. A menudo se me ha interrogado sobre las circunstancias en que escribí mi libro más leído: *Formação econômica do Brasil*.[7]

Cuando fui a trabajar a la CEPAL, a comienzos de 1949, reuní la información disponible sobre la economía brasileña. Me sorprendió mucho comprobar

[7] Existe edición en español: *La formación económica del Brasil,* Fondo de Cultura Económica, México, 1969. [N. del T.]

que Brasil tenía una economía atrasada en comparación con otras de América Latina. Argentina, cuya población no llegaba a un tercio de la brasileña, tenía una mayor producción industrial. El ingreso *per capita* del conjunto de la América hispana, sin incluir a Argentina, era muy superior al de la población de Brasil.

Todo esto me preocupaba, y constituía para mí un desafío intelectual. ¿Sería que el pueblo brasileño era realmente inferior, como sostenía mucha gente, dentro y fuera del país? ¿Había otra explicación? Como ya estaban desacreditadas las teorías de la inferioridad étnica y el determinismo geográfico, volví los ojos a la historia. ¿Sería que la clase dirigente brasileña había sido incapaz de insertar al país en el proceso de industrialización del que surgió la civilización moderna a partir del siglo XIX? Los que tenían ideas claras a ese respecto, como Mauá,[8] fueron vencidos por los latifundistas esclavistas. Cuando comencé a meditar en estos temas, disponía de conocimientos de las ciencias sociales modernas, incluido el análisis macroeconómico, y me beneficié de las discusiones con Prebisch. Lo importante es que pensemos con nuestras propias cabezas, me decía.

Los trabajos de Roberto Simonsen,[9] que organizó un buen equipo de investigación para reunir

---

[8] Irineu Evangelista de Sousa, barón y vizconde de Mauá (1813-1889), pionero de la industrialización brasileña, estableció un astillero y una fundición en Niteroi. [N. del T.]

[9] Roberto Simonsen (1889-1948), economista, historiador y empresario, autor de *História econômica do Brasil,* Río de Janeiro, 1937.

información cuantitativa referida al periodo colonial, me ayudaron mucho a escribir *La formación económica del Brasil*. Reencontré el libro de Simonsen por azar. En 1957-1958 estuve por un año en la Universidad de Cambridge, Inglaterra, por invitación del profesor Kaldor, para trabajar sobre teoría del desarrollo. En el viaje, el avión tuvo un desperfecto que me hizo permanecer por un par de días en Recife. Vagando por la ciudad, penetré en la antigua librería Imperatriz y hallé una edición reciente del libro de Simonsen, que había tenido oportunidad de hojear diez años antes, cuando preparaba en París mi tesis sobre la economía colonial de Brasil. Lo adquirí, para leerlo en el avión.

Fue de esta forma, revisando trabajos ya publicados, como advertí que era posible montar un modelo de la economía brasileña con una perspectiva de siglos. La novedad consistía en incorporar la evolución histórica al cuadro de las relaciones estructurales, empezando por las internacionales. Lo importante fue observar a Brasil, desde su surgimiento, como actor importante en el escenario económico mundial. El acceso a las bibliotecas de Cambridge me ayudó mucho en este empeño. Para dar un ejemplo: en ellas descubrí un libro, escrito en inglés y publicado en Buenos Aires, que contenía informaciones poco conocidas sobre las relaciones financieras internacionales de Brasil. Sólo después supe que este libro precioso jamás fue citado por ningún autor brasileño. Hube de trabajar tenazmente, pues sólo podía dedicar las mañanas a la escritura del libro. Al cabo de tres meses, tenía ya trescientas páginas manuscritas que resumían diez años de esfuerzos orientados a captar lo que era realmente significativo en la formación económica de Brasil. La suerte estuvo, una vez más, de mi lado, ya que, cuando me disponía a remitir esa masa de folios pergeñados a Brasil, tropecé con un colega inglés que me acompañó al correo. Cuando le expliqué lo que hacía, me hizo notar el riesgo existente. Por su consejo, fui al servicio de reproducción de la universidad. Dejé los originales y volví por ellos al día siguiente. Sin detenerme a indagar si el microfilme estaba bien hecho, puse el texto en el correo. Al día siguiente salí hacia una conferencia en Bursa, en Turquía. A mi regreso, me enteré de que el libro no había llegado a Brasil. En unos días, la indagación hecha por el Royal Mail determinó que la encomienda había sido extraviada por el correo brasileño... el que me indemnizó con unas cuantas libras. Desesperado, fui al servicio de reproducción para ver si el microfilme era legible... ¡lo era!

LAS CLASES DOMINANTES

Fue en la década de los treinta cuando se empezó a cuestionar el modelo de economía "esencialmente agrícola", defendido por la clase dominante brasileña. Estuve entre los primeros que denunciaron el ruralismo como causa del atraso del país. Con su extensión territorial y su heterogeneidad social, el desarrollo de Brasil no podía depender de la agricultura extensiva. Lo que hoy se antoja obvio, hace medio siglo era tema de acaloradas polémicas. La realidad era que más de nueve décimas de sus exportaciones estaban constituidas por productos agrícolas no elaborados, y que los intereses ligados al comercio exterior eran los que regían el país.

Brasil no carecía por completo de industrias. Lo que no tenía era un sector industrial capaz de generar su propio dinamismo. El ritmo de la actividad económica estaba determinado desde fuera, es decir, por la producción de bienes primarios. El problema no era tanto la dependencia del crecimiento respecto de la importación de tecnologías y equipos, sino la ausencia de una clase dirigente capaz de formular un proyecto de transformación del país. Cuando me convencí de que la naciente clase industrial podría asumir ese papel histórico, me dediqué a trabajar en el diseño de los instrumentos que necesitaba para desempeñarlo.

El proyecto de transformación del país existía, en germen, en la cabeza de mucha gente, en especial en São Paulo. Pero el pensamiento más elaborado, los profesores más ilustres, estaban del otro lado de la barricada. Pronto advertí que la ciencia económica académica creaba obstáculos a la formulación de una política de industrialización para Brasil, y que esa doctrina no carecía de apoyos externos. Se manifestaba un imperialismo velado, al que había que enfrentar con cuidado sumo para no despertar a las huestes "anticomunistas".

Recuerdo que, ya como técnico de la CEPAL, participé en una reunión de empresarios latinoamericanos que tuvo lugar en Santos a fines de 1949. El tema central de discusiones era el costo de la industrialización alcanzada por los países de la región durante la Guerra Mundial. La opinión más generalizada era que resultaba conveniente retornar a las formas tradicionales de desarrollo, apoyadas en las ventajas comparativas del comercio internacional. Ésa era la doctrina adecuada, universalmente aceptada. En mi intervención me referí, discretamente, a la conveniencia de aprovechar las oportunidades de industrialización.

La importancia de Prebisch

Cuando arribé a Santiago de Chile para trabajar en la CEPAL, habiendo vivido ya en Europa, tenía cierta noción de la importancia de los aspectos políticos en la realidad económica. Pero no fue sino hasta que Prebisch asumió el mando de la Comisión cuando advertí que teníamos la posibilidad de hacer cosas realmente importantes. Prebisch había dirigido el Banco Central de Argentina en los años treinta, aplicando una política anticíclica que le dio prestigio internacional.

Cuando leí el primer trabajo preparado por Prebisch —que llegó a ser conocido como el Manifiesto— me dije: "tenemos ahora la gran palanca que necesitábamos para remover las grandes resistencias a que hacemos frente en Brasil". Actué de inmediato, traduciendo al portugués el texto, que apareció en Brasil antes de ser publicado como documento oficial de las Naciones Unidas. Aún más, conseguí que apareciera en la prestigiosa *Revista Brasileira de Economia*, *chasse gardée* del profesor Gudin.

La reacción no se hizo esperar. La Escuela de Economía de la Fundación Getúlio Vargas, en la que pontificaban los maestros del liberalismo criollo bajo el liderazgo del profesor Gudin, invitó a Brasil a una serie de celebridades mundiales del pensamiento económico conservador a fin de que restauraran la "buena doctrina". Fue así como tuvimos oportunidad de conocer a Lionel Robbins, Samuel Viner y muchas otras luminarias. Se trataba de despejar el ambiente intelectual de las aberraciones cepalinas. Ese esfuerzo hizo que el tema fuese más discutido. Si el conservadurismo se defendía con tal empeño, era porque había ideas nuevas en el ruedo. Las nuevas ideas eran sencillas, intuitivas: el gran atraso acumulado podría remediarse con la adopción de una política deliberada de industrialización. Esto exigía la renovación de la clase dirigente. Hasta hoy, no se ha elucidado cómo se dio esa transformación en Brasil, pero no hay duda de que desempeñaron su parte la prolongada depresión de los años treinta y los trastornos que la Guerra Mundial provocó en el comercio exterior.

En los dos decenios siguientes se registró el suicidio de un presidente de la República,[10] que se empeñaba en la industrialización, y la tentativa

[10] Getúlio Vargas, en 1954. [N. del T.]

de impedir la toma de posesión de su sucesor,[11] que insistía en la misma línea de política. En un principio, la industrialización surgió como subproducto de la política cambiaria, orientada a defender los precios del café en los mercados internacionales. La experiencia había enseñado al gobierno brasileño que la estabilidad cambiaria era indispensable para la defensa del precio del café. El control selectivo de las importaciones, impuesto para eliminar o reducir los déficit de la balanza comercial, favoreció grandemente las actividades industriales al reducir los precios relativos de los bienes de equipo importados. En una palabra, eran tan grandes las oportunidades para desarrollar actividades industriales en Brasil, que incluso medidas precarias en ese sentido producían resultados apreciables. La primera acción firme en esa dirección fue el establecimiento del BNDE a comienzos de los años cincuenta. El Manifiesto de Prebisch se había publicado dos años antes.

SURGIMIENTO DEL SUBDESARROLLO

En la época a la que aludo, dábamos por supuesto que el desarrollo económico y su manifestación esencial, la industrialización, eran condición necesaria para resolver los problemas de la sociedad brasileña: pobreza, concentración del ingreso y desigualdades regionales. Pero estábamos lejos de

---

[11] Juscelino Kubitscheck de Oliveira. [N. del T.]

advertir que distaba de ser condición suficiente. Por ello, la frustración remplazó rápidamente a la sensación de éxito que había traído consigo la fase inicial de la industrialización. Equivaldría a una simplificación considerar que la causa principal del cambio de sentido de la historia del país fue el golpe militar de 1964, que llevaría a sustituir el objetivo del desarrollo (prioritariamente social) por el de crecimiento económico (generador, en sí mismo, de desigualdades y privilegios).

Ya desde comienzos de los años sesenta, cuando advertí que las fuerzas sociales que luchaban por la industrialización no apreciaban suficientemente la gravedad de la situación social del país y tendían a aliarse al latifundismo y a la derecha contra el fantasma de las incipientes organizaciones sindicales, me di cuenta de que era mucho lo que faltaba para que en Brasil surgiese una sociedad moderna.

Defendí, entonces, la idea de que resultaba necesario profundizar en la percepción del subdesarrollo como un proceso histórico específico, que exigía un esfuerzo autónomo de teorización. Advertí que el crecimiento económico del país, de alguna manera, evitaba que la población percibiese los graves problemas sociales que se acumulaban. Las migraciones internas creaban la sensación de que todos, o al menos la mayoría, tenían ante sí la posibilidad de mejoramiento, de ascenso social. La misma ilusión se presentaba ante el ensanchamiento del área agrícola o la depredación de la selva. Mis reflexiones sobre esta circunstancia histórica forman la base de lo que denominé *teoría del subdesarrollo*.

A lo largo de varios decenios, escribí mucho sobre estos temas. Estoy seguro de que aún queda mucho por explorar. Espero que la nueva generación retome el estudio de las particularidades de la formación histórica brasileña.

Papel de las organizaciones sociales

Me parece que aún no se tienen ideas suficientemente claras sobre el proceso de creciente interdependencia de las economías nacionales al que se denomina globalización. Vivimos una época en que resulta evidente la insuficiencia del marco conceptual para explicar una realidad que se transforma rápidamente.

Al intentar destilar la esencia del proceso histórico que engendró la civilización moderna advertimos que, en realidad, lo importante no fueron las ideologías ni, incluso, las tecnologías. Si usamos el lenguaje de los herejes del siglo pasado, diremos que ésas fueron las herramientas usadas por las fuerzas sociales que se enfrentaron, por la lucha de clases. Los grupos sociales que dirigieron el fantástico proceso de acumulación de riqueza definieron el modelo de organización social, dentro de los límites establecidos por las clases asalariadas. Éstas ganaron importancia creciente como mercados destinados a absorber las corrientes de producción.

¿Cuál habría sido la evolución de las sociedades modernas en ausencia del poder sindical, que alcanzó su forma más avanzada en la socialdemocracia? Cabe suponer que la sociedad democrática, abierta a la iniciativa individual, no habría alcanzado la preeminencia que hoy tiene sin los sacrificios realizados a lo largo de más de un siglo de luchas sociales.

Hoy se vive una nueva fase de esa lucha. La integración política mundial, que está estableciéndose, reduce el alcance de la acción reguladora de los estados-nación en que se apoyaban las organizaciones sindicales. En consecuencia, la organización de la actividad productiva tiende a ser planificada a escala multinacional, e incluso mundial, en perjuicio del poder de negociación de las clases trabajadoras. Por eso se ha intensificado, en todas partes, el doble proceso de desocupación y exclusión social, por una parte, y, por otra, de concentración del ingreso.

Función del Estado-nación

Un asunto que debe ser estudiado con mayor profundidad es el de la evolución de esa institución que ocupó el centro del escenario de la historia moderna: el Estado-nación, al que correspondió, en forma progresiva, la defensa de los intereses colectivos. De agente defensor de los intereses patrimoniales, el Estado-nación evolucionó para asumir el papel de intérprete de los intereses colectivos y garante de la materialización de los frutos de sus victorias. Ese proceso fue resultado de la creciente participación de la población organizada en el control de los centros de poder; es decir, de la democratización del poder. Ahora bien, tras ese proceso se encontraba la creciente capacidad de organización de las masas trabajadoras y, tras de éstas, el Estado-nación, que aseguraba el nivel de empleo de la población mediante la protección del mercado interno.

Estas cuestiones se manifiestan en todas partes, ya que están vinculadas con los avances de la tecnología y con la conformación del poder político mundial. La importancia de la conformación de este poder político quedó claramente de relieve en las recientemente concluidas negociaciones de la Organización Mundial de Comercio sobre corrientes internacionales de tecnología y servicios financieros.

Lo anterior no quiere decir que se haya agotado el espacio para el ejercicio de las políticas nacionales. Los desafíos a que Brasil se enfrenta son los que corresponden a un país-continente, caracterizado por una enorme heterogeneidad social, pero con un sistema económico que todavía está relativamente centrado en un mercado interno de dimensión considerable y gigantesco potencial de crecimiento.

La experiencia muestra que el mercado interno es el motor del crecimiento de los países de gran dimensión. Dado que el acceso a la tecnología moderna exige la apertura del mercado interno, el problema estriba en la modulación de los esfuerzos orientados a la búsqueda de esos dos objetivos, hasta cierto punto excluyentes. De esta suerte, el papel del Estado, en países en desarrollo como Brasil y en un mundo en transformación como el de hoy, tiende a ser cada vez más complejo. Por ello, los problemas torales son de naturaleza política. Es preciso abandonar la idea de que, con el término de la confrontación ideológica, los problemas están solucionándose por ellos mismos y la ruta del futuro ya está trazada. Vivimos en una época en que se privilegia la función política, la manifestación más noble de las actividades creativas del hombre. Lo importante es que las nuevas generaciones recuperen el aprecio por el ejercicio de la imaginación y se convenzan de que la responsabilidad que les corresponde no es otra que la de dar continuidad a la construcción de este gran país.

II. EL NUEVO CAPITALISMO

Cualquier reflexión acerca del legado de la cepal debe partir del reconocimiento de que en ella se efectuó el único esfuerzo de creación de un cuerpo de pensamiento teórico sobre política económica que ha surgido en esa vasta área del planeta a la que se denominó Tercer Mundo. Ese trabajo de construcción teórica se desarrolló en dos vertientes. Por una parte, la visión de conjunto de la estructura de la economía mundial, a partir de la dicotomía entre centro y periferia, que permitió captar la especificidad del subdesarrollo y superar la doctrina rostowiana de las etapas del crecimiento económico, que ignoraba las diferencias cualitativas entre las estructuras desarrolladas y las subdesarrolladas. Por otra, la percepción del sistema de poder subyacente tras la economía mundial, que permitió explicar la tendencia al deterioro de la relación de precios del intercambio de los productos primarios en los mercados internacionales. En realidad, se trata de una teoría de las formas de dominación, que se encuentra en el origen de la dependencia a la que aludieron, más adelante, los economistas latinoamericanos.

Esas dos ideas arrojan luz, desde ángulos diferentes, sobre el fenómeno del poder en las estructuras económicas mundiales, hecho casi por completo ignorado por las teorías económicas convencionales, que privilegian el concepto de equilibrio. Así, la CEPAL representó un esfuerzo de restauración de la economía como rama de la ciencia política, lo que se explica por la influencia de Keynes sobre Prebisch y de Marx sobre algunos de los jóvenes más valiosos que trabajaron en la CEPAL.

El análisis que sigue de las transformaciones de la economía mundial se basa en la visión histórico-estructural que emergió de los trabajos iniciales de la CEPAL.

El proceso histórico de formación económica del mundo moderno puede ser examinado desde tres puntos de vista: *1)* la intensificación del esfuerzo de acumulación, mediante la elevación de los niveles de ahorro de ciertas comunidades; *2)* la ampliación del horizonte de posibilidades técnicas, y *3)* el aumento de los segmentos de la población con posibilidades de acceso a nuevos patrones de consumo.

No se trata de tres procesos distintos, sino de tres facetas que interactúan en un mismo proceso histórico. No es difícil advertir que, sin las innovaciones técnicas, el aumento del ahorro no conduciría muy lejos, al tiempo que la ampliación del poder de compra de la población es elemento esencial para la reproducción dinámica del sistema.

Prevalece, en este fin de siglo, la idea de que, independientemente de la política que uno u otro país decida seguir, el proceso de globalización de los mercados habrá de imponerse en todo el mundo. Se trata de un *imperativo tecnológico*, similar al que rigió el proceso de industrialización, que moldeó a la sociedad moderna en los dos últimos siglos.

Ahora bien, la interconexión de los mercados y el subsecuente debilitamiento de los actuales sistemas de poder estatales que encuadran las actividades económicas, dan lugar a importantes cambios estructurales, que se traducen en una creciente concentración del ingreso y en formas de exclusión social que se manifiestan en todos los países. Hay incluso quien considere que estas consecuencias adversas son las condiciones de una nueva forma de crecimiento económico, cuyas características no están definidas todavía.

Así las cosas, en este fin de siglo, el crecimiento económico adquiere como contrapartida el nacimiento de una nueva forma de organización social que redefine el perfil de la distribución del ingreso. En esta conclusión simple puede vislumbrarse una amenaza o un desafío. Al menos, el anuncio de una época de incertidumbres.

Al reflexionar sobre la primera Revolución industrial, se comprueba que también dio lugar a la desocupación, principalmente en el sector agrícola, que tradicionalmente empleaba a más de dos tercios de los trabajadores. Como el desarrollo sólo se torna efectivo si una economía tiene acceso a mercados en expansión, cabría explicar cómo se ampliaron los mercados en el marco de una revolución tecnológica que generaba una retracción de la demanda de mano de obra y del ingreso del conjunto de los trabajadores. Se sabe que, en un primer periodo, las empresas de los países que encabezaban la Revolución industrial forzaron la apertura de los mercados externos, lo que explica la ofensiva imperialista que se dio a lo largo del siglo XIX. Empero, el verdadero motor de ese crecimiento económico no fue tanto el dinamismo de las exportaciones, sino la ampliación de los mercados internos, derivada del aumento del poder de compra del conjunto de la población asalariada.

Por ello, para comprender la lógica de la civilización industrial es preciso, antes que otra cosa, explicarse el proceso de aumento del poder de compra de la población, es decir, de expansión de la masa de salarios. Esta explicación rebasa, desde luego, los marcos del análisis económico convencional, ya que son factores de naturaleza institucional y política los que determinan la distribución del ingreso.

En efecto, todo hace pensar que si la lógica de los mercados hubiese prevalecido sin restricciones, la internacionalización de las actividades económicas (el proceso de globalización) se habría manifestado mucho antes, reproduciendo, en forma amplificada, la experiencia de Inglaterra, donde la participación del comercio exterior en el ingreso nacional sobrepasó 50% desde los años setenta del siglo pasado. Ello habría dado lugar a una menor concentración geográfica de las actividades industriales, que habría favorecido a las naciones periféricas. Además, en esta hipótesis, se habría dado una mucho mayor concentración social del ingreso en los principales países de la Revolución industrial.

Pero los acontecimientos no siguieron ese rumbo. En realidad, prevaleció una mayor concentración geográfica de las actividades industriales, que benefició a los países centrales, así como una más equitativa distribución del ingreso en esos mismos países —que ocupaban la vanguardia tecnológica—, lo que trajo consigo la adopción de políticas de protección social.

La explicación de este cuadro histórico se halla en el surgimiento de nuevas fuerzas sociales, que aparecen al mismo tiempo que el proceso de urbanización generado por la industrialización misma. La evolución del sistema de poder, consecuencia de la acción de los trabajadores organizados, trajo consigo la elevación de los salarios reales y obligó a los gobiernos a adoptar políticas proteccionistas para defender sus respectivos mercados internos. De esta forma, y a partir de ese momento, el motor del crecimiento fue la ampliación del mercado interno, con una contribución subsidiaria de las exportaciones.

De esta manera, el aumento del poder de compra del conjunto de trabajadores tuvo un papel central en el proceso de desarrollo, sólo comparable al de la innovación técnica. Así, el dinamismo de la economía capitalista fue resultado de la interacción de dos procesos: por una parte, la innovación técnica —que se traduce en aumento de la productividad y reducción de la demanda de fuerza de trabajo—, y, por otra, la expansión del mercado —que crece *pari passu* con la masa salarial—. La importancia del primero de estos factores —la innovación técnica— depende de la acción de los empresarios y de sus esfuerzos de maximizar las ganancias, en tanto que la importancia del segundo —la expansión del mercado— refleja la presión de las fuerzas sociales, que luchan por la elevación de sus ingresos.

El actual proceso de globalización desarticula la acción sincrónica de esas dos fuerzas, que en el pasado garantizaron el dinamismo de los sistemas económicos nacionales. En la medida en que las empresas se globalizan, en la medida en que escapan a la acción reguladora del Estado, tienden a apoyarse más en los mercados externos para sustentar su crecimiento. Simultáneamente, las iniciativas de los empresarios tienden a escapar del control de las instancias políticas. Se retorna así al modelo original del capitalismo, cuyo dinamismo se basaba en las exportaciones y en las inversiones en el exterior.

En suma, el trípode que dio sustento al sistema de poder de los estados-nación se encuentra claramente desequilibrado, en perjuicio de los trabajadores organizados y en favor de las empresas que controlan las innovaciones tecnológicas. Ya no existe el equilibrio que la acción reguladora del poder público garantizó en el pasado. Lo anterior explica la reducción de la participación de los asalariados en el ingreso nacional de todos los países, independientemente de sus tasas de crecimiento.

La interdependencia cada vez mayor entre los sistemas económicos tornó obsoletas las técnicas que habían venido desarrollándose, a lo largo de los últimos decenios, para captar el sentido del proceso histórico en que el mundo está inmerso. El avance vertiginoso de las técnicas de procesamiento de datos permitió la multiplicación de los modelos. Pero la confiabilidad de las proyecciones prácticamente desapareció. Bastaría citar, como ejemplo, los ejercicios realizados en torno a las proyecciones del comercio internacional en los próximos años a fin de comprobar el acierto de los acuerdos discutidos en el antiguo GATT. Se procesaron millares de ecuaciones sin que fuera posible dilucidar ninguna duda importante. De ahí que, hoy en día, sea tan limitada la posibilidad de interferir en los procesos macroeconómicos, como lo comprueban incluso los gobiernos mejor pertrechados, impotentes para enfrentar un problema como el desempleo.

La escasa transparencia del acontecer actual refleja la acción de nuevos elementos y el cambio de la importancia relativa de otros, lo que envuelve una aceleración del tiempo histórico. Son cosa del pasado los sistemas económicos nacionales que disponían de gran autonomía y sólo ocasionalmente estaban sujetos a choques externos. Los principales mercados —de tecnología, de servicios financieros, de medios de comunicación, de productos de calidad e incluso de bienes de consumo generalizado, para no hablar de los de materias primas tradicionales— operan ahora de manera unificada o marchan rápidamente hacia la globalización.

Examinemos algunos de los cambios de mayor relevancia en la configuración del panorama mundial de nuestros días:

1. La declinación de la gobernabilidad de las economías de mayor peso relativo no se explica sin tener en cuenta la internacionalización de los mercados financieros. El enorme desequilibrio de la cuenta corriente de la balanza de pagos de los Estados Unidos es una suerte de huida al futuro, en búsqueda de ajustarse a esa globalización, y se traduce en la transferencia a ese país de parte considerable del ahorro disponible para inversión en el resto del mundo, incluidos los países más pobres. Esta situación conduce a modificaciones de importancia en las relaciones internacionales de ese país, como lo muestra la reciente creación de una zona de libre comercio que agrupa a los mercados de los Estados Unidos, Canadá y México. Con ello, las industrias norteamericanas podrán recuperar competitividad internacional, dado que los salarios monetarios en México equivalen a no más de una décima parte de los que prevalecen en los Estados Unidos. La experiencia de integración con México, que excluye la movilidad de la fuerza de trabajo, servirá de modelo para un proyecto más amplio, capaz de abarcar todo el continente.

2. La Unión Europea nació a iniciativa de Francia, con el objetivo principal de promover un entendimiento político duradero con Alemania. Cuatro décadas después, dio origen a un proyecto formidable de ingeniería política. Por primera vez, un grupo importante de países soberanos, con perfil cultural propio, renuncia a prerrogativas nacionales a fin de integrarse política y económicamente. En el pasado, la integración multinacional se hizo por la dominación del más fuerte sobre los demás. El proceso europeo exige, ahora, un ejercicio de imaginación política, que concilie el resurgimiento de valores locales y de rivalidades culturales con las crecientes exigencias de un espacio económico unificado de colosales dimensiones. La Unión Europea, concebida en el pasado como proyecto político —para hacer frente a la amenaza soviética percibida y para superar las rivalidades históricas—, adquirió un fuerte impulso en el plano económico, y es, con mucho, la más importante experiencia en el intento de trascender el Estado-nación como instrumento de regulación de la convivencia humana en un ambiente democrático.

3. El proceso de transición a la economía de mercado y de establecimiento de instituciones democráticas en los países de Europa oriental resultó mucho más traumático de lo que se había imaginado. Todo lleva a suponer que en Rusia, que enfrenta los desafíos de la reconstrucción de un vasto espacio político con enorme diversidad étnica y cultural, ese proceso será muy prolongado. Es probable que, por uno o dos decenios, Rusia quede al margen: un mundo aparte, que debe inventar el formato político que le permita conciliar sus tradiciones autoritarias con las reivindicaciones de convivencia democrática, hoy predominantes en

una clase media cada vez más diferenciada. A pesar de su inmenso potencial de recursos, incluso de recursos humanos calificados, todo parece indicar que Rusia no influirá considerablemente en la configuración del mundo en los inicios del siglo XXI.

4. Sin lugar a dudas, son las naciones del oriente de Asia —China, en especial— a las que hoy corresponde marcar el rumbo de la nueva serie de transformaciones que redefinen la faz del planeta. Encabezados por Japón, esos países han conseguido un alto grado de dominio técnico autónomo, que colocan al servicio de una gran disciplina social. Los salarios están regulados en función de las exigencias de la competencia internacional. La fortaleza competitiva, sin paralelo, del capitalismo asiático surge de esa estricta disciplina social y de las inversiones en el desarrollo de los recursos humanos. Debe esperarse que, dadas las enormes reservas de fuerza de trabajo de que disponen, sus economías ganen peso, progresivamente, en los mercados mundiales. Las barreras contra esta invasión quizá se implanten mediante nuevas formas de organización de los mercados, que introduzcan la diferenciación de los productos. Serán cada vez más limitadas las áreas en las que la competencia se realice a través de los precios. La crisis bursátil de fines de 1997 comprobó el peso que el Asia oriental ya tiene en la economía mundial y la importancia que las inversiones efectuadas en esa región reviste para el dinamismo de las economías occidentales, al tiempo que puso en evidencia la inmadurez política de sus grupos dirigentes.

5. Las economías latinoamericanas van a verse sometidas a crecientes presiones para desregular sus mercados, con efectos diferenciados en función del grado de heterogeneidad de sus estructuras sociales. De no conseguir revertir el proceso de concentración del ingreso y el consecuente agravamiento de la exclusión social, países como Brasil y México estarán expuestos a tensiones sociales que bien pueden lanzarlos a la ingobernabilidad. La búsqueda de nuevos paradigmas de desarrollo, orientados al ahorro de recursos no renovables y a la reducción del dispendio, va a desempeñar, en América Latina, un papel igual al que, en la primera mitad del siglo que concluye, tuvieron en Europa las utopías sociales.

En suma, sustancialmente eliminados los aranceles como instrumento de política comercial y con un mercado financiero global progresivamente unificado —con lo que el costo de las transferencias internacionales de capital tiende a cero—, entramos en una nueva fase de desarrollo capitalista, cuyas características aún están por definirse.

Pueden ya señalarse algunas de las que se perfilan: los desajustes causados por la exclusión social de grupos cada vez más amplios de la población tienden a convertirse en el problema más grave, tanto en las naciones ricas como en las pobres. Esos desajustes no sólo surgen de la orientación del progreso tecnológico, sino que también reflejan la incorporación indirecta al sistema productivo de la mano de obra mal remunerada de los países de industrialización tardía, en primer lugar, los asiáticos. La globalización, a escala mundial, de las actividades productivas conduce necesariamente a una gran concentración del ingreso, que es la contrapartida del proceso de exclusión social antes mencionado.

Por tanto, los nuevos desafíos son de carácter fundamentalmente social, más que económico, al contrario de lo que ocurrió en la fase anterior de desarrollo del capitalismo. Por ello, el primer plano tendrá que ser ocupado por la imaginación política. Se equivoca quien considere que está agotado el espacio para la utopía. Contra lo que Marx profetizó, la administración de las cosas será sustituida, cada vez más, por el gobierno creativo de los hombres.

III. GLOBALIZACIÓN E IDENTIDAD NACIONAL

El proceso de globalización

Las mudanzas que ocurren en las relaciones internacionales, en este fin de siglo, no pueden ser entendidas más que con una visión de conjunto, una visión global, que se apoye no sólo en el análisis económico, sino también en esa imaginación prospectiva que permite pensar el futuro como historia. En ausencia de esa visión abarcadora, será imposible entender incluso el sentido de los acontecimientos cotidianos, que nos conciernen directamente, y, desde luego, será también imposible actuar en forma eficaz como sujetos de la historia.

Teniendo en mente este concepto, presento enseguida algunas reflexiones sobre la realidad mundial que está surgiendo ante nosotros, a fin de abordar, más adelante, los problemas que reclaman nuestra atención de manera más imperiosa.

1. No puede perderse de vista el hecho de que la economía mundial ha entrado en una fase de tensiones estructurales que, por su alcance global, no tiene precedente. Desde principios de los años ochenta, esas tensiones se dejaron sentir sobre los países del Tercer Mundo, bajo la forma de un violento aumento de las tasas de interés en los mercados internacionales y de una fuerte transferencia de capitales hacia los Estados Unidos, que, por sí misma, explica la bonanza vivida por la población de este país a partir de la segunda mitad de ese decenio. El vértice de las tensiones en la economía mundial se encuentra en la inflación virtual en la economía estadunidense, inflación causada por la declinación de largo plazo de la tasa de ahorro, conjugada con un déficit cuantioso en la cuenta corriente de la balanza de pagos. La reducción de la tasa de ahorro es resultante de la convergencia de los desequilibrios negativos en las cuentas del gobierno federal, aunada a una reducción sostenida del ahorro privado. En efecto, en los años ochenta, la tasa de ahorro en los Estados Unidos se redujo a la mitad de la magnitud observada en los tres decenios precedentes. Su nivel actual equivale a menos de la tercera parte de la tasa de ahorro promedio de los países de la OCDE y a menos de un cuarto de la de Japón. En consecuencia, los Estados Unidos dejaron de ser el principal acreedor y proveedor de capitales del mundo, convirtiéndose en el principal deudor. Su deuda externa supera actualmente el billón de dólares.

2. La existencia de ese desequilibrio estructural en la economía de los Estados Unidos explica la absorción por ese país de más de la mitad de los ahorros disponibles para inversiones internacionales.* Es muy probable que ese desequilibrio per-

* Véase "The USA's Twin Deficits", *World Imbalances,* WIDER, informe de 1989, Helsinki.

sista aún por algunos años, y la forma en que este problema se solucione influirá considerablemente en la futura configuración de la estructura mundial de poder. La tensión existente en el principal centro económico da lugar a reacomodos de fuerzas en América Latina, región que atraviesa por una fase de crisis de sus estructuras políticas, con consecuencias difíciles de prever.

3. Otra fuente importante de tensión es el amplio proceso de destrucción y reconstrucción de las economías de Europa oriental, las que continuarán absorbiendo parte del ahorro generado en otros países, sin tener oportunidad de remunerar suficientemente esos capitales y contribuyendo a mantener las tasas de interés en niveles elevados. A diferencia de lo previsto en un primer momento, ese proceso va a extenderse en el tiempo y podría durar varias décadas. La caída en los niveles de producción, que fue de 4.5% en 1990 y que al año siguiente llegó a 15.4%, ha persistido por varios años. El proceso de cambio institucional es muy profundo y abre enormes posibilidades de participación al capital internacional. Los países de Europa oriental disponen de recursos humanos que los colocan en situación ventajosa en la competencia con los países del Tercer Mundo. Todo hace pensar que, superada la fase de reconstrucción institucional, en esa región se abrirá una nueva y dinámica área de desarrollo capitalista. También este amplio proceso de reconstrucción económica, que incluye la porción oriental de Alemania, refuerza la tendencia a la elevación de las

tasas de interés, en detrimento de las economías del Tercer Mundo.

4. La integración de los países de Europa occidental es un proceso irreversible, aunque no se alcancen los ambiciosos objetivos de los tratados de Maastricht. Al tiempo que este proceso refuerza a los grandes grupos económicos que actúan a escala transnacional, abre espacios para los agentes que se desenvuelven en ámbitos sociales distintos a los específicamente económicos y financieros. El debilitamiento de los instrumentos de política económica estimulará acciones compensatorias en otras áreas de ejercicio de la imaginación política. En Europa occidental tiene lugar la más importante experiencia para trascender el Estado-nación como instrumento rector de las actividades económicas en sociedades que concilian los ideales de libertad y de bienestar social. Lo anterior exige la conquista de una creciente homogeneización social, difícil de conseguir en función de la actual orientación del progreso técnico.

5. En forma independiente de los cambios en la configuración de la estructura mundial del poder político, seguirá su curso el redespliegue de las actividades productivas, regido por los efectos de las nuevas técnicas de comunicación y de procesamiento de información, que tiende a concentrar las actividades creativas, innovadoras e incluso aquellas que son instrumento de poder en áreas privilegiadas del mundo desarrollado.

6. Todo indica que el avance de las empresas transnacionales proseguirá, como resultado de la

creciente concentración del poder financiero y de los acuerdos sobre patentes y control de la propiedad intelectual, alcanzados en el ámbito de la Organización Mundial de Comercio, factores estos que contribuirán a aumentar la brecha entre países desarrollados y subdesarrollados.

7. El avance de la internacionalización de los circuitos económicos, financieros y tecnológicos debilita los sistemas económicos nacionales. Las actividades del Estado tienden a limitarse a los sectores sociales y culturales. Los países caracterizados por desigualdades culturales y económicas acentuadas estarán sometidos a presiones desarticuladoras crecientes. La contrapartida del dominio de la internacionalización es el debilitamiento de los vínculos de solidaridad histórica que, en el marco de algunas nacionalidades, han mantenido unidas a naciones marcadas por agudas disparidades sociales y de niveles de vida.

8. La cooperación política internacional facilitará que se atiendan los problemas de la preservación del equilibrio ambiental, el control del uso de drogas, el combate de las enfermedades contagiosas, la erradicación del hambre y el mantenimiento de la paz. Como el ámbito económico tiende a ser ocupado cada vez más por las empresas internacionalizadas, son éstas las que delimitarán el espacio que corresponda a las actividades de alcance local y a las de naturaleza informal. La importancia relativa que alcancen estas últimas determinará el grado de desarrollo de cada región: se tendrá una imbricación estructural de las áreas desarro-

lladas y las subdesarrolladas, en una división del espacio político que perpetúa las desigualdades sociales.

9. La estructura mundial del poder evoluciona hacia el establecimiento de grandes bloques de naciones en las que tienen sede las empresas transnacionales, que disponen de ricos acervos de conocimientos y de personal capacitado. El crecimiento del intercambio internacional de servicios, especialmente financieros y tecnológicos, se da en detrimento del comercio de bienes tradicionales. En la dinámica de este sistema, prevalecen las fuerzas tendientes a reproducir la actual dicotomía desarrollo-subdesarrollo. Para escapar a este sistema de fuerzas, articulado globalmente, es necesario reunir la voluntad política, basada en un amplio consenso social, con condiciones objetivas que, en la actualidad, están presentes apenas en unos cuantos países del Tercer Mundo.

La preservación de la identidad nacional

Es conveniente cavilar sobre estos reajustes estructurales globales, que ahora están ocurriendo, a fin de poder identificar el espacio del que Brasil dispondrá para decidir entre sus opciones históricas, sin abandonar las singularidades que lo caracterizan. El desafío consiste en encontrar la forma eficaz de preservar la identidad cultural y la unidad política, en un mundo dominado por grupos transnacionales cuyo poder se deriva del control que ejecen sobre la tecnología, la información y el capital financiero. Para responder a él, es preciso entender a profundidad las razones de la pérdida de dinamismo de la economía brasileña en los dos últimos decenios.

La experiencia brasileña de desarrollo económico fue resultado de la expansión de un mercado interno que demostró poseer una enorme potencialidad. Lejos de ser una mera continuación de la economía exportadora de productos primarios heredada de la época colonial —consistente en una constelación de enclaves regionales autónomos—, la industrialización asumió la forma de la construcción progresiva de un sistema económico que disponía de autonomía considerable en cuanto a la creación de ahorro y la generación de demanda efectiva. Gracias a los efectos de la sinergia, ese sistema era mayor que la suma de los elementos que lo integraban.

De esta suerte, incluso sin haber disfrutado de una situación privilegiada, como la de los Estados Unidos cien años antes —con grandes entradas de capitales y de fuerza de trabajo técnicamente calificada provenientes de los países más desarrollados de Europa—, Brasil, entre los años cincuenta y principios de los setenta, fue la zona de industrialización de más rápida expansión en el mundo capitalista.

Durante tres siglos, la economía brasileña se basó en el aprovechamiento extensivo de recursos naturales, muchos de ellos no renovables: de la explotación forestal, en sus inicios históricos, hasta la gran minería de hierro, pasando por el uso destructivo del suelo en varios ciclos agrícolas. Brasil fue por largo tiempo, en realidad, un excelente ejemplo de lo que ahora se denomina "desarrollo no sustentable". Con una civilización depredadora, el país estaba condenado a enfrentar una inmensa crisis cuando se llegase al agotamiento de la base de recursos no renovables (o renovables a costos crecientes), o cuando la demanda internacional de esos recursos disminuyese en función del efecto de nuevos factores técnicos o económicos.

No es sino hasta el presente siglo cuando la economía brasileña deja de fundar su dinamismo en la depredación de los recursos naturales y pasa a apoyarlo, principalmente, en la adopción de avances tecnológicos y en la acumulación de capital capaz de reproducirse. Ello se debió al proceso de industrialización, que se convirtió en el motor del desarrollo del país a partir de la Gran Depresión de los años treinta.

Brasil estableció las bases de su sistema industrial en una época de grandes trastornos internacionales, y correspondió al Estado el papel decisivo en la estrategia que entonces se adoptó. El sacrificio impuesto a la población abarcó a todas las clases sociales, incluso a los grupos que estaban habituados a tener acceso a bienes de consumo importados. Durante varios decenios, el país se restructuró, abatiendo la participación de las importaciones en la oferta de bienes de consumo, al tiempo que la población crecía, sobre todo en las zonas urbanas. Empezó a dibujarse una nueva realidad social: los ricos, consumiendo productos de manufactura nacional, dejaban de ser vistos como seres de otro planeta, y la clase media en formación ocupaba espacios crecientes y asumía posiciones de liderazgo en la vida cultural de la nación.

A comienzos de los años setenta, se transformó radicalmente el entorno externo que había favorecido la industrialización: la crisis del dólar, seguida del primer *shock* petrolero, dio origen a una enorme masa de liquidez internacional y a niveles de rédito reducidos, lo cual estimuló el proceso de endeudamiento excesivo de gran número de países del Tercer Mundo. Lo que vino después fue la dolorosa historia de los ajustes sucesivos impuestos a los países deudores: de receptores, éstos se tornaron proveedores netos de capitales internacionales y se vieron forzados a incrementar el esfuerzo de ahorro y a reducir el nivel de inversión interna. Este tipo de ajuste reclama la existencia de un consenso y de una disciplina sociales difíciles de configurar en cualquier sociedad, máxime en aquellas, como la brasileña, en que coexisten profundas desigualdades y atraso político. Por ello, la actual crisis, que se prolonga ya por dos decenios, se antoja insuperable y pone de relieve la incapacidad del Estado para enfrentarla.

Únicamente se justificaría aumentar el esfuerzo para profundizar la inserción externa de la economía —que actualmente se considera como requisito para la modernización— si dicho esfuerzo se diese dentro del marco de una auténtica política de desarrollo económico y social, lo que no ocurre cuando el aumento de las exportaciones tiene como contrapartida la contracción del mercado interno.

Nunca está por demás tener en mente que los precios —en términos reales— de los productos primarios exportados por los países del Tercer Mundo siguen una tendencia histórica declinante. El promedio de esos precios, en el quinquenio 1986-1990, equivalió a aproximadamente la mitad de los que prevalecían cuarenta años antes, es decir, en 1948-1955. Un estudio de un grupo de analistas del Banco Mundial (publicado en *The World Bank Review* en enero de 1988) llegó a la conclusión de que ese deterioro se prolonga ya por más de un siglo y se viene acentuando. Entre 1989 y 1991, el promedio de los precios de los productos primarios exportados por los países pobres se redujo en 20%, caída que es cercana a la ocurrida en la recesión de 1980-1982, que provocó la crisis de la deuda externa en esos países. Atrapados en un proceso dañino, muchos países pobres procuraron compensar la baja de los precios aumentando el volumen de las exportaciones y obteniendo financiamientos externos, incluso de las agencias multilaterales, para elevar la producción. La violenta competencia resultante provocó la quiebra, en años recientes, de muchos productores de café y de cacao. Los ingresos obtenidos por los productores de café se redujeron a la mitad, y fueron aún mayores las pérdidas de los de cacao y azúcar, como resultado del desmantelamiento de los tímidos mecanismos de defensa de los precios existentes en la época anterior al auge de la desregulación.

La doble presión del aumento de la oferta de fuerza de trabajo, derivada del crecimiento de la población, y de la rigidez de la demanda de los productos primarios en los mercados internacionales condujo, en el pasado, a los países periféricos a ensayar el camino de la industrialización. Sin embargo, sólo unos cuantos de esos países reunían los mínimos necesarios de dimensión poblacional, dotación de recursos naturales y liderazgo empresarial para poder fundar la industrialización en el desarrollo del mercado interno. La gran mayoría de los países pobres que intentaron industrializarse continuaron dependiendo del acceso marginal a los mercados internacionales, como subcontratistas de las empresas transnacionales. Fueron pocos los que avanzaron en la edificación de un sistema económico con cierto grado de autonomía en la generación de demanda efectiva y en el financiamiento de la inversión reproductiva.

Las barreras para el acceso a los mercados internacionales que enfrentan esos países no se limitan al deterioro de los precios reales de sus productos primarios de exportación. Esa tendencia, señalada por Raúl Prebisch hace medio siglo, se explica por la naturaleza misma de esos bienes, cuya importancia relativa declina con el aumento del nivel de ingreso de la población. Las dificultades que enfrentan los países pobres en sus esfuerzos por penetrar en los mercados internacionales son más severas de lo que supusieron los primeros estudiosos del subdesarrollo, que se limitaban a observar la naturaleza de los productos sin examinar la estructura de esos mercados. Existen elementos para afirmar que en dichos mercados tienen importancia considerable las manifestaciones de lo que se entiende por *poder de mercado*. No debe perderse de vista que, en lo que se refiere a los productos manufacturados, las transacciones internacionales están constituidas, por lo general, por operaciones que se realizan dentro de las grandes corporaciones y bajo regímenes de precios administrados.

Un estudio de la Comisión del Sur* muestra que, en los años ochenta, los precios de las manufacturas exportadas por los países del Tercer Mundo crecieron 12%, medidos en dólares nominales. Durante ese mismo decenio, en cambio, los precios de las manufacturas exportadas por los países desarrollados aumentaron 35%. Si se calcula el poder de compra de las manufacturas exportadas por los países del Tercer Mundo, teniendo en cuenta los precios de las maquinarias y equipos que importaron, se advierte que, en el mismo decenio, ese poder de compra se redujo en 32%. De esta forma, los países pobres requieren de mayores esfuerzos para la conquista de espacio en los mercados internacionales de manufacturas. Es indudable que el desarrollo no es posible sin acceso a la tecnología moderna, y ese acceso se obtiene, sobre todo, por la vía del comercio internacional. Pero lo que ocu-

---

* Véase *Non-Alignment in the 1990's* (estudio preparado para la Conferencia de Jakarta), South Centre, Ginebra, 1992.

rrió en el pasado, en un país con las potencialidades de Brasil, fue que el acceso al mercado internacional desempeñó sólo un papel coadyuvante en el fomento del desarrollo, pues el impulso central se generó internamente.

Si se admite que la economía brasileña difícilmente puede recuperar su dinamismo apoyándose básicamente en las relaciones externas, corresponde averiguar si no habrá sido un error abandonar la estrategia de constituir el mercado interno en el "motor del crecimiento". No afirmo que ese abandono haya sido deliberado o incluso consciente. Reflejó, más bien, los cambios tanto coyunturales como estructurales de la economía internacional, que no se supieron enfrentar con decisión e imaginación. Se perdió una década, a cuyo largo se deterioró grandemente la capacidad de autogobierno de que disponía el país al reducirse la eficacia de los instrumentos de política macroeconómica. El margen de maniobra se vio limitado por los compromisos establecidos con los acreedores internacionales: el club de los bancos acreedores y el FMI.

Los sistemas económicos de grandes dimensiones territoriales y marcadas disparidades regionales y estructurales —entre los que destacan Brasil, China y la India— difícilmente sobrevivirán si pierden la cohesión que se deriva de la expansión del mercado interno. En esos casos, por más efectiva que sea, la inserción internacional es insuficiente para asegurar el dinamismo de la economía. En un mundo dominado por las corporaciones transnacionales, esos sistemas heterogéneos sólo sobreviven y crecen en función de una voluntad política apoyada en un proyecto con hondas raíces históricas.

Aún no se ha formulado la teoría del desarrollo económico de los grandes sistemas heterogéneos —social o culturalmente—. El fracaso de la Unión Soviética dejó muy en claro que tales sistemas ya no sobreviven teniendo como único apoyo las estructuras de control burocrático y militar. Mientras que en el prolongado periodo histórico del modelo primario exportador eran muy escasas las vinculaciones económicas entre las diversas regiones de Brasil, en el medio siglo contado a partir de los años treinta se establecieron fuertes vínculos de interdependencia entre esas regiones gracias al considerable crecimiento económico, apoyado en una industrialización basada en el mercado interno.

No puede ignorarse que el dinamismo del mercado interno se apoyó, en buena medida, en la actuación en Brasil de empresas extranjeras, pero lo hizo en una época en que la competencia internacional por los fondos de capital era mucho menos intensa de lo que es actualmente y en la que el endeudamiento externo del país era mucho menor. Por ello, el primer desafío que Brasil debe enfrentar ahora es el de aumentar su capacidad de autofinanciamiento, lo que exige un mayor esfuerzo de ahorro, público y privado, y una mayor disciplina y transparencia en el uso de las divisas generadas por las exportaciones.

Salir de la recesión es indispensable para que

sean viables un mayor esfuerzo de ahorro y una mayor disciplina social. En otras palabras, es preciso utilizar mejor la capacidad productiva que ya existe. Para ello es necesario restablecer la eficacia de los instrumentos de control macroeconómico, saneando las finanzas públicas y disciplinando los flujos monetarios y financieros externos. En Brasil, la eficacia de la acción gubernamental comienza por la capacidad de disciplinar el sector externo de la economía. A mediados de los noventa, con el Plan Real, el gobierno brasileño basó una vez más la política de estabilización (de los precios y del tipo de cambio) en un creciente endeudamiento externo. Todas las grandes crisis brasileñas se iniciaron con problemas cambiarios. Queda por saber si, en realidad, todavía es posible recuperar todo el terreno perdido en esa área vital. A menos de que la conclusión sea que ya resulta inapropiado hablar de Brasil como un sistema económico.

IV. LA SUPERACIÓN DEL SUBDESARROLLO

Cuando la capacidad creativa del hombre se aplica al descubrimiento de sus potencialidades y al empeño de enriquecer el universo, se produce lo que llamamos *desarrollo*. El desarrollo sólo aparece cuando la acumulación conduce a la creación de valores que se esparcen en la colectividad. La teoría del desarrollo alude a dos procesos de creatividad. El primero tiene que ver con la *técnica*, con el empeño del hombre por dotarse de instrumentos, por ampliar su capacidad de acción. El segundo se refiere al significado de la actividad humana, a los *valores* con los que el hombre enriquece su patrimonio existencial.

La civilización industrial se caracteriza por el hecho de que la capacidad inventiva del hombre se canaliza de manera preferente hacia la creación de técnicas; es decir, hacia la apertura de nuevas vías para el proceso de acumulación, lo que explica la formidable fuerza expansiva de dicha civilización. Ello explica también el hecho de que el punto central, dominante en el estudio del desarrollo, haya sido la lógica del proceso de acumulación.

Pero fue del rechazo a una visión simplista del proceso de difusión geográfica de la civilización industrial de donde surgió la teoría del *subdesarro-*

llo, cuyo objeto esencial de estudio son las malformaciones sociales engendradas durante ese proceso de difusión. La denuncia de la falsa neutralidad de las técnicas puso de relieve una característica oculta, pero determinante, del proceso de desarrollo: la definición de sus objetivos, la creación de valores sustantivos.

La teoría del subdesarrollo pone en claro las limitaciones impuestas a los países periféricos por la división internacional del trabajo, surgida de la forma particular en que se produjo la difusión de la civilización industrial. El primer paso consistió en advertir que correspondían a la esfera de lo social los principales obstáculos que impedían el tránsito de la simple *modernización* imitativa al desarrollo propiamente dicho. Los avances de la acumulación no siempre desembocaban en transformaciones de las estructuras sociales que permitan modificar sustantivamente la distribución del ingreso y la asignación del nuevo excedente. Mientras que en las economías centrales la acumulación condujo a la escasez de fuerza de trabajo, lo cual creó las condiciones para que surgiesen presiones sociales que favorecerían la elevación de los salarios reales y la homogeneización social, en las periféricas los efectos fueron por completo distintos: dio lugar a la marginación social y reforzó las estructuras tradicionales de dominación, o las sustituyó por otras similares. En realidad, la acumulación periférica estuvo al servicio de la internacionalización de los mercados que trajo consigo la difusión de la civilización industrial.

El concepto de *dependencia tecnológica* permite articular los diversos componentes que se conjugan en este problema. El desarrollo tecnológico es dependiente cuando no se limita a la asimilación de nuevas técnicas, sino que impone la adopción de patrones de consumo, bajo la forma de nuevos bienes de uso final que corresponden a un grado de acumulación y de avance técnico que, en la sociedad en cuestión, sólo existen en forma de enclaves.

Una mejor comprensión de esta problemática permitió la formulación de algunas cuestiones y la apertura de nuevas líneas de reflexión sobre el subdesarrollo. ¿Existe la posibilidad de acceder a la tecnología de vanguardia de la civilización industrial y, al mismo tiempo, escapar de la lógica del actual sistema de división internacional del trabajo? O, mejor dicho, ¿hasta qué punto esa tecnología puede ser puesta al servicio de la obtención de objetivos, definidos de manera autónoma, por una sociedad de nivel de acumulación relativamente bajo y que pretende alcanzar la homogeneización social? La dependencia tecnológica ¿sería acaso una simple consecuencia del proceso de aculturación de los grupos dominantes de las economías periféricas? ¿Es posible tener acceso a la tecnología moderna sin someterse al proceso uniformador mundial de valores impuesto por la dinámica de los mercados? ¿Es posible evitar que el sistema de incentivos, requerido para alcanzar los niveles de eficiencia que caracterizan a la técnica moderna, engendre desigualdades sociales crecientes en los países de bajo grado de acumulación?

Las reflexiones suscitadas por todos estos temas han permitido acotar mejor el campo de estudio del subdesarrollo. Por una parte, se presentan las exigencias de un proceso de globalización, impuesto por la lógica de los mercados, que constituye la base de la difusión de la civilización industrial. Por otra, se configuran las exigencias de una tecnología que es resultado de la historia de las economías centrales y que exacerba su tendencia inicial a limitar la generación de empleos. Por último, se tienen las especificidades de las formas sociales más aptas para operar esas tecnologías, o sea, las formas de organización de la producción y de inducción al trabajo, que tienden a limitar la posibilidad de recurrir a los sistemas de decisión centralizados.

La superación del subdesarrollo exige que se intente responder a esas múltiples interrogantes. Lo que debe buscarse es descubrir el camino de la creatividad en relación con los objetivos, echando mano de los recursos de la tecnología moderna en la medida en que ello sea compatible con la preservación de la autonomía en la definición de los valores sustantivos. Dicho en otras palabras: ¿cómo conseguir un desarrollo efectivo partiendo de un nivel relativamente bajo de acumulación, teniendo en cuenta las malformaciones sociales impuestas por la división internacional del trabajo y las restricciones establecidas por la globalización de los mercados? ¿Cómo alcanzar el acceso a la tecnología moderna sin caer en formas de dependencia que limitan la autonomía de decisión y frustran el objetivo de homogeneización social?

Los intentos más significativos de superación del subdesarrollo en la segunda mitad del siglo xx corresponden a los siguientes tres modelos.

1. Colectivización de los medios de producción

Este primer modelo se basó en el control colectivo de las actividades económicas más importantes, ya fuera al nivel de las unidades productivas (autogestión) o al nivel del conjunto de la nación (planificación centralizada), o incluso en formas que combinaban ambos modos de organización colectiva del sistema económico.

Las raíces del proyecto de colectivización se encuentran en la doctrina marxista. Por una parte, se tiene como evidente que las formas de organización social prevalecientes en los países periféricos conducen a una aculturación de las minorías dominantes, lo que integra a las estructuras de dominación internas con las externas y, consecuentemente, excluye a las mayorías de los beneficios del esfuerzo de acumulación. De ahí que el crecimiento económico no conduzca, por sí solo, al desarrollo. Por otra, se da por cierto que la lógica de los mercados no induce las transformaciones estructurales requeridas para vencer los factores inerciales que se oponen al desarrollo de las fuerzas productivas en condiciones de bajos niveles de acumulación. En realidad, esta lógica propicia la especialización internacional con base en los criterios de las ventajas comparativas estáticas. Ahora bien, el excedente derivado de esa especialización, retenido localmente, estimula la modernización dependiente, la cual pasa a condicionar el proceso de transformación de las estructuras productivas, que viene después. La industrialización que surge de la especialización internacional dependiente refuerza las estructuras sociales preexistentes.

Si la colectivización se funda en la autogestión, pueden darse fuertes presiones para elevar el consumo, lo que reduce los márgenes para la acumulación reproductiva. Si, en cambio, el punto de partida es la planificación centralizada, el surgimiento de un poder burocrático totalizador tiende a provocar una brecha creciente entre los centros de decisión y las masas de la población y, por ende, a crear nuevas estructuras de privilegios. Además, están presentes los problemas propios de la operación de un sistema económico regido por decisiones centralizadas. Teóricamente, es posible programar las actividades de un conjunto discreto de unidades productivas articulado en un solo sistema. Pero la colectivización plena transforma esa posibilidad teórica en una necesidad práctica. Las dificultades que se presentan para la ejecución del plan son tanto mayores cuanto más bajo es el nivel de desarrollo de las fuerzas productivas.

En síntesis, las experiencias de colectivización de los medios de producción se enfrentaron a dificultades surgidas de tres categorías de problemas:

a) el de la organización social, que responde por la definición de prioridades para la asignación de recursos escasos;

b) el del sistema de incentivos, que concilia el mejor desempeño de las actividades productivas con la distribución del ingreso que se considera deseable, y

c) el de la inserción en la economía internacional, que asegura el acceso a la tecnología y a los recursos financieros al margen de las relaciones de dependencia.

2. Prioridad a la satisfacción de las necesidades básicas

Otra forma que han adoptado los intentos de superación del subdesarrollo ha sido la de dar prioridad a la satisfacción del conjunto de necesidades que una determinada comunidad considera como fundamentales, aun cuando las mismas no se encuentren perfectamente definidas e identificadas. Se parte de la evidencia de que la penetración tardía de la civilización industrial trae consigo formas de organización social que excluyen de los beneficios de la acumulación a segmentos importantes de la población, si no es que a la mayoría de ésta.

La solución de este problema es de naturaleza política, y reclama que una parte del excedente se destine en forma deliberada a modificar el perfil de la distribución del ingreso, de forma que el conjunto de la población tenga la posibilidad de satisfacer sus necesidades básicas de alimentación, salud, vivienda, educación, etc. No es éste un problema que se presente de manera exclusiva en los países atrasados, mas en ellos se manifiesta con gravedad inocultable. No hay duda alguna de que si una porción del *incremento* del producto en una economía se dedica a eliminar lo que se ha convenido en llamar *pobreza absoluta,* ésta desaparecerá al cabo de cierto tiempo. Este objetivo puede alcanzarse, desde luego, de varias maneras: desde reformas estructurales, como la reorganización del sector agropecuario con vistas a un aumento real de los salarios básicos, hasta la introducción de medidas impositivas capaces de asegurar la reducción de los niveles de consumo de los grupos de ingresos más altos sin provocar efectos negativos sobre la magnitud de la tasa de ahorro.

La mayor dificultad que se enfrenta es la de generar una voluntad política capaz de poner en marcha un proyecto de esta naturaleza, pues existe un condicionamiento mutuo entre la estructura del sistema productivo y el perfil de la distribución del ingreso. La modificación de las relaciones entre ambos puede acarrear un costo social considerable, no sólo en términos de la obsolescencia del equipo de capital, sino también de desempleo inmediato. Se trata, por ello, de una operación más compleja de lo que parece a primera vista.

También se presentan problemas en el ámbito de las relaciones externas. Las economías subdesarrolladas que se industrializaron con el concurso de las empresas transnacionales utilizan técnicas e, incluso, equipos que ya fueron amortizados en los países de origen de esas corporaciones. La reorientación de los sistemas productivos para atender a patrones de consumo menos elitistas puede reclamar nuevas inversiones, que elevan los costos. Se produce, de esta forma, un efecto perjudicial: la tecnología requerida para satisfacer las necesidades de una población de bajo nivel de ingreso puede ser más costosa, ya que debe sustituir a otra que, aunque más avanzada, tiene un costo de oportunidad igual a cero para la empresa que la utiliza.

3. Aumento de la autonomía externa

Una tercera estrategia de superación del subdesarrollo consiste en asumir una posición agresiva en los mercados internacionales. Las inversiones se canalizan hacia los sectores que, potencialmente, disponen de capacidad competitiva externa y que, al mismo tiempo, estimulan la actividad nacional. Esto último les permite fomentar la expansión del mercado interno. Las exportaciones se apoyan en las economías de escala y en los avances tecnológicos más que en las ventajas comparativas estáticas. El éxito de este modelo depende de que las actividades exportadoras conserven su posición de vanguardia, tanto en la tecnología de procesos como en la de productos. Es esta posición de vanguardia la que dota de flexibilidad y de adaptabilidad a la actividad exportadora. Esta estrategia puede verse afectada si las empresas transnacionales controlan las actividades productivas, pues ello limitaría la capacidad de acción en los mercados externos.

El rasgo principal de este modelo es la conquista de autonomía en las relaciones con el exterior. Permite superar la situación de dependencia y pasividad, impuesta por el sistema tradicional de división internacional del trabajo, y adoptar una posición de ofensiva fundada en el control de ciertas tecnologías de avanzada y en la iniciativa comercial. Este modelo exige una planeación selectiva y cuidadosa y la consecución de una tasa de ahorro elevada. El problema que de entrada surge es el de la identificación de las bases sociales de una estructura de poder capaz de ponerlo en práctica. Se explica, así, que una estrategia de este tipo conduzca, con frecuencia, al reforzamiento de las estructuras estatales de vocación autoritaria.

Las tres estrategias examinadas arriba resumen las experiencias vividas en la segunda mitad de este siglo por las economías periféricas que adoptaron políticas voluntaristas de desarrollo. El punto de partida fue, en todos los casos, la crítica de la forma en que se difundió la civilización industrial; de las situaciones de dependencia surgidas de la división internacional del trabajo, y de las malformaciones sociales generadas por la lógica del mercado en los países periféricos. El objetivo táctico fue siempre el de ganar autonomía en el ordenamiento de las actividades económicas, con vistas a la reducción de las desigualdades sociales que la propagación de la civilización industrial provoca en los países periféricos de manera aparentemente inevitable. El objetivo estratégico es el de conquistar un desarrollo que se traduzca en el enriquecimiento de la cultura, en sus múltiples dimensiones, y permita contribuir con la propia creatividad a la civilización que tiende a extenderse a todo el mundo. En el fondo, se trata de una manifestación del deseo de preservar la identidad propia en la aventura común del proceso civilizador.

Las experiencias referidas ponen en claro que, en el mundo de nuestros días, los países de la periferia que pretenden superar el subdesarrollo deben cumplir ciertas condiciones, entre las que destacan las siguientes:

a) un grado tal de autonomía de decisión que permita limitar lo más posible la fuga al exterior del potencial de inversión;
b) estructuras de poder que dificulten que ese potencial sea absorbido por el proceso de reproducción de los patrones de consumo de los países ricos y que aseguren un nivel relativamente alto de inversión en recursos humanos, que es lo que abre el camino a la homogeneización social;
c) un cierto grado de descentralización de las decisiones empresariales, exigido para poder adoptar un sistema de incentivos capaz de asegurar el aprovechamiento del potencial productivo, y

d) estructuras sociales que abran espacios a la creatividad en un amplio horizonte cultural y generen fuerzas preventivas y correctivas de los procesos de concentración excesiva del poder.

La consecución de estos objetivos presupone, evidentemente, el ejercicio de una fuerte voluntad política apoyada en un amplio consenso social.

V. RELECTURA DE MIS PRIMEROS ENSAYOS TEÓRICOS

Pensar en Brasil

Cuando empecé a estudiar economía —hace alrededor de medio siglo— imperaba en Brasil la idea de que la nuestra era una economía *condicionada*, expresión que acuñó el más influyente personaje de nuestro medio en esa época, el profesor Eugênio Gudin. En este tipo de estructura económica, los principales estímulos provenían del exterior: el sistema de división internacional del trabajo en el que estábamos insertos delimitaba el espacio en que nos movíamos. Los patrones de consumo que determinaban el comportamiento de las elites eran dictados desde el exterior y exigían un nivel de ingreso del que sólo disfrutaba una pequeña parte de la población. Por eso, la demanda interna de productos industriales se abastecía casi exclusivamente con artículos importados. La mayor parte de la población continuaba integrada a una economía de subsistencia, con escasa monetización. Se daba por supuesto, naturalmente, que la economía *condicionada* carecía por completo de dinamismo propio y seguía, en forma pasiva, los movimientos cíclicos del comercio internacional.

Mis trabajos teóricos partieron del desacuerdo

con esa visión convencional de la realidad económica brasileña. Dejando de lado los lugares comunes de las doctrinas importadas y haciendo un análisis cuidadoso de los datos disponibles —datos estos casi siempre rechazados por los académicos apresurados—, llegué, sin demasiadas dificultades, a conclusiones sorprendentes.

Así, por ejemplo, a pesar de ser el de Brasil el caso clásico de una economía cuyo dinamismo dependía de la exportación de unos cuantos productos primarios, tuvo, en el decenio de la Gran Depresión, una tasa de crecimiento no inferior a su promedio histórico. A lo largo de ese periodo, se redujo considerablemente el coeficiente de comercio exterior (que mide la participación de las exportaciones en el PIB). La economía encontró formas de crecer "hacia dentro", mediante la ampliación del mercado interno. Denominé a ese fenómeno "desplazamiento del centro dinámico".

Fue el estudio de este crecimiento "anómalo", a contracorriente, el que me llevó a concluir que la forma histórica de inserción de Brasil en el sistema de división internacional del trabajo estrechaba el horizonte de posibilidades de la economía del país. Ésta quedaba sometida a relaciones estructurales con el exterior que cercenaban su desarrollo. Como el sistema funcionaba muy por debajo de su capacidad, dejaba de utilizarse a plenitud el enorme potencial de recursos naturales y demográficos del país. De acuerdo con la lógica entonces imperante, la economía brasileña debía quedar postrada en un profundo marasmo, ya que la depresión de los mercados mundiales, que siguió a la gran crisis de 1929, desmanteló su sistema de articulaciones externas.

Estudiando las estadísticas de la época, advertí que esa lógica no prevaleció: la economía brasileña se despegó del sistema internacional en crisis y ganó autonomía dinámica por la vía de ampliar y diversificar su mercado interno. Para superar las limitaciones derivadas de la capacidad de importar, se acudió, incluso, al mercado internacional de equipos de segunda mano. Lo cierto fue que, a pesar de que el volumen de importaciones se redujo a la mitad, ya en 1932 la economía volvió a crecer, apoyada en el incipiente mercado interno.

La explicación de este "milagro" se encuentra en la política de apoyo al sector del café. A regañadientes, bajo presión política, el gobierno federal asumió el financiamiento de inmensas existencias de café, que aumentaban bajo la doble presión del crecimiento de la producción y de la brutal caída de los precios en el mercado internacional. El hecho de que esta expansión de los medios de pago no condujera a una inflación desordenada y actuara como creadora de demanda efectiva, demostró que la economía brasileña venía funcionando con capacidad ociosa bajo la influencia de un sistema internacional que se preocupaba por asegurar el servicio de la deuda externa. Es cierto que nadie advirtió que, al acumular y quemar montañas de café, Brasil estaba edificando las pirámides que, años después, recomendaría Keynes como remedio de última instancia para vencer la depresión.

Esta política de creación de demanda efectiva no fue adoptada conscientemente por el gobierno brasileño. Fue, más bien, un subproducto de las medidas tomadas bajo la presión de los poderosos intereses cafetaleros, las que tuvieron por objeto apaciguar a grupos dispuestos incluso a llegar a las armas, como lo hicieron en 1932.[1]

Al reflexionar, en los años cuarenta, sobre esa experiencia histórica, advertí que el desarrollo de una economía *condicionada, periférica* o *semicolonial*, como a la sazón se le denominaba, depende de acciones voluntaristas, adoptadas casi siempre a contrapelo de las fuerzas del mercado. En otras palabras: el hecho de que se hubiera acumulado tal retraso mostraba la incapacidad de concebir, formular y ejecutar políticas de desarrollo eficaces. Las medidas que permitieron a Brasil salir del fondo de la Gran Depresión fueron resultado de circunstancias históricas vinculadas a la lucha por el poder entre grupos hegemónicos regionales. El comportamiento del gobierno brasileño, al quemar 80 millones de sacos de café, fue visto en ese momento como una muestra de desesperación, cuya irracionalidad causaba espanto.

De igual manera, la profundización del proceso industrializador en los años cuarenta se vincula con la desarticulación del comercio internacional provocada por la guerra. Es claro que lo esencial ocurría en el campo político, por lo que se advier-

---

[1] Se alude a la llamada "revolución constitucionalista", de la elite de São Paulo, contra el gobierno de Getúlio Vargas, que tuvo lugar del 9 de julio al 2 de octubre de 1932. [N. del T.]

te con facilidad la importancia de la planeación, que asegura la coherencia de las acciones a lo largo del tiempo. Si el mero azar podía conducir al desarrollo, como ocurrió en los años treinta, es porque éste pertenecía al universo de lo posible, porque estaba al alcance de la mano. En suma, si el cambio estructural es condición necesaria para el fomento del desarrollo, éste difícilmente surgirá, de manera espontánea, de la interacción de las fuerzas del mercado. Ésta es la lección que se desprende de la experiencia de los años en que quedaron establecidas las bases de la industrialización de Brasil.

La teoría del subdesarrollo

En mis disquisiciones teóricas, el problema cuya elucidación más me apasionó fue el de explicar el hecho de que la elevación del nivel de ingreso de la población y el avance considerable de la industrialización en Brasil no desembocaran en una reducción de la heterogeneidad social, a diferencia de lo que había acontecido en las llamadas economías desarrolladas. ¿Cómo explicar la persistencia del subdesarrollo, siendo la brasileña una de las economías de mayor crecimiento en el último medio siglo? Abordando el problema desde otro punto de vista, ¿por qué el ya señalado aumento de la riqueza del país sólo beneficiaba a una parte reducida de la población?

Mis cavilaciones sobre este problema me condujeron a formular lo que denominé *teoría del subdesarrollo*. La configuración social de los países considerados subdesarrollados se derivaba de la forma particular que en ellos adoptó la difusión del progreso tecnológico que modeló la civilización contemporánea.

La característica nodal de la era histórica abierta por la Revolución industrial fue el aumento sostenido de la productividad del trabajo, derivado del avance de las técnicas y del esfuerzo de acumulación de capital. Aunque esos dos factores se condicionaban entre sí, su comportamiento seguía trayectorias autónomas. La mera acumulación de capital generó incrementos en la productividad del trabajo en virtud de las economías de escala. Por otra parte, siempre que se tuvo acceso a nuevos mercados, la elevación de la productividad —independientemente de los avances en las técnicas de producción— fue resultado de la mera reasignación de los recursos existentes. De esta suerte, un país que hacía crecer su agricultura de exportación con el empleo de tierras y mano de obra antes ocupadas en la agricultura de subsistencia, podía conseguir incrementos de productividad y de ingreso, aun sin modificar sus técnicas de producción.

Nadie niega que el comercio exterior haya sido, por siglos, creador de riqueza, independientemente de la introducción de nuevas tecnologías. Cuando Ricardo formuló la teoría de las ventajas comparativas, que explica los incrementos de productividad generados por el intercambio internacional, no necesitó apelar al factor del avance tecnológico.

Los considerables aumentos del ingreso derivados de la expansión del comercio internacional en el siglo XIX estimularon la difusión de los nuevos patrones de consumo creados por la Revolución industrial. De esta forma, no fueron las nuevas tecnologías industriales las que se universalizaron, sino los patrones de consumo surgidos en los países que encabezaron el proceso de industrialización.

Las nuevas técnicas productivas también tendieron a generalizarse, particularmente en sectores subsidiarios del comercio internacional, como el de los medios de transporte. Mas fue lenta la difusión de nuevas técnicas concernientes a las actividades directamente productivas. Esto dio origen a diferencias en las estructuras económicas y sociales en dos tipos de países: aquellos en los que la acumulación y el progreso técnico avanzaban de manera conjunta y aquellos otros en que esos progresos privilegiaron la acumulación en obras improductivas y en bienes de consumo duradero, por lo general importados. Deben, por tanto, distinguirse estos dos procesos históricos, cuyas diferencias persisten hasta ahora, independientemente de las tasas de crecimiento del ingreso y del acceso a la industrialización.

Estas reflexiones me convencieron de que la persistencia del subdesarrollo se debe a factores de tipo cultural. La adopción, por las clases dominantes, de los patrones de consumo de países con muy superior nivel de acumulación explica la fuerte concentración del ingreso, la persistencia de la heterogeneidad social y la forma de inserción en el comercio internacional.

En última instancia, la variable independiente es la corriente de innovaciones en los patrones de consumo que proviene de los países con alto nivel de ingreso. Es este mimetismo cultural el que da lugar al esquema de concentración de ingreso que es bien conocido. Para superar los efectos de este dañino imperativo cultural, es preciso modificar los patrones de consumo en el marco de una amplia política social y, al mismo tiempo, aumentar el ahorro de manera sustancial, comprimiendo el consumo de los grupos de ingresos más altos. Estas dos líneas de acción sólo resultan eficaces si se les sigue de manera conjunta y exigen de mecanismos de planeación que se apoyen en un extendido consenso social.

El desafío al que tiene que hacerse frente es el de conseguir estos cambios sin comprometer el espíritu de iniciativa e innovación del que depende la economía de mercado. Respecto de la forma de combinar la planeación con la iniciativa privada, es muy aleccionadora la experiencia de los países de industrialización tardía del sureste de Asia, que tomaron la delantera en la difícil tarea de reconstruir estructuras sociales anacrónicas.

VI. LOS NUEVOS DESAFÍOS

El punto de partida de mi trabajo intelectual fue el deseo de esclarecer las razones por las que Brasil participó con retraso en el proceso de industrialización ocurrido en el mundo a partir del último cuarto del siglo XVIII. Al comprender el alcance de los efectos de la Revolución industrial sobre la división internacional del trabajo, entendí también el origen del fenómeno del subdesarrollo, lo que me permitió establecer el marco conceptual que dio base a la parte esencial de mi trabajo teórico. De ahí surgieron tanto la visión incluyente, que concibe el desarrollo y el subdesarrollo como dimensiones de un solo proceso histórico, como la idea de la dependencia como componente político de ese proceso.

Me pareció que, para comprender el sentido del proceso histórico de formación de un sistema económico que tendió a universalizarse y que tuvo como punto de partida el aceleramiento de la acumulación y del progreso técnico, era necesario examinarlo desde dos puntos de vista. El primero alude tanto a las transformaciones de modo de producción —es decir, a la desaparición, total o parcial, de las formas feudales, gremiales y artesanales de organización de la producción— como a la implantación progresiva de mercados de factores de la producción: mano de obra, instrumentos de trabajo y recursos naturales, sujetos de apropiación por parte de agentes privados o del poder público.

El segundo punto de vista alude a la activación de las relaciones comerciales ligadas a la implantación de un sistema interregional de división del trabajo. En este sistema, las regiones en las que se intensifica la acumulación se especializan en aquellas actividades productivas que, gracias a la transformación del modo de producción, tienen mayores posibilidades de avance técnico, por lo que se convierten en centros generadores de progreso tecnológico. Por su parte, esta especialización geográfica, en virtud del efecto de las ventajas comparativas en un mercado en expansión, también trae consigo aumentos en la productividad, independientes de los avances en las técnicas de producción, siempre que se proceda a un empleo más eficaz de los recursos productivos disponibles. Estos aumentos en la productividad, apoyados sobre todo en el comercio exterior, sirven de correa de transmisión a las innovaciones en la cultura material, que marchan *pari passu* con la acumulación intensificada, en los países que constituyen la vanguardia de la Revolución industrial.

Así, en regiones privilegiadas, el progreso técnico imbuye sin tardanza las formas de producción, al tiempo que se modernizan los patrones de consumo. En cambio, en regiones marginadas, esa penetración se circunscribe, inicialmente, a los patrones de consumo, y limita sus efectos a la modernización del estilo de vida de algunos segmentos de la población. Es cierto que, más adelante, el proceso de industrialización tendió a universalizarse, mediante lo que se denominó la sustitución de importaciones. Pero la industrialización tardía, regida por las leyes del mercado, tendió a reforzar las estructuras sociales existentes debido a la escasa absorción de mano de obra y a la fuerte propensión al consumo de los segmentos modernizados de la sociedad.

Por consiguiente, el subdesarrollo no es sino una cierta conformación de la estructura económica, derivada de la forma en que se propagó el progreso técnico en el plano internacional.

Esta visión de conjunto del capitalismo industrial me condujo a concluir que la superación del subdesarrollo no sería producto de la simple acción de las fuerzas del mercado, sino que reclamaba un proyecto político orientado hacia la movilización de recursos sociales, a fin de emprender una tarea de reconstrucción de ciertas estructuras. Por ello me he empeñado, desde la época en que trabajé en la CEPAL, en los años cincuenta, en elaborar una técnica de planeación económica que hiciese viable la superación del subdesarrollo con un costo social mínimo. Esa técnica pretende modificar las estructuras que bloquean la dinámica socioeconómica, tales como el latifundismo, el corporativismo y la canalización ineficaz del ahorro o su dispendio en formas de consumo abusivo o en su fuga al exterior. Las modificaciones estructurales tendrían que ser enfocadas como un proceso liberador de energías creativas y no como una tarea de ingeniería social en la que todo estuviera previamente concebido. El objetivo estratégico es el de remover los obstáculos a la acción creadora del hombre, la que, en el subdesarrollo, está limitada por anacronismos institucionales y por las amarras de la dependencia externa.

Tenía clara conciencia de que el verdadero desarrollo se manifiesta en los hombres y en las mujeres y tiene una dimensión política importante. Esta visión incluyente, global, también me permitió percibir, desde comienzos de los años setenta, que la ruptura del subdesarrollo se tornaría más traumática en la medida en que se agravase la crisis que, de manera evidente, afecta a la civilización consumista globalizada. Desde hace mucho tiempo se tenía conciencia de que esa civilización tiene como componente característico un proceso de depredación: están en vías de agotarse las fuentes de energía que alimentan el estilo de vida que ella propicia; está presente el fenómeno de cambio climático a escala mundial, y se empobrece cada vez más la biodiversidad.

No pueden pasarse por alto los indicios, muy claros por lo demás, de que la civilización surgida de la Revolución industrial marcha hacia grandes calamidades. Concentra la riqueza en una minoría cuyo estilo de vida exige un dispendio creciente de recursos naturales no renovables, que sólo resulta sostenible porque impone grandes penurias, incluso el hambre, a la mayoría del género humano. Una minoría dispone de los recursos naturales del mundo, sin mostrar preocupación por las consecuencias para las generaciones futuras del desperdicio en que incurre.

Si bien es cierto que el subdesarrollo mismo constituye un mecanismo eficiente para aminorar la presión sobre los recursos, pues mantiene reducidos los niveles de consumo de la gran mayoría de la población del mundo, también lo es que contribuye a elevar la tasa de desperdicio, pues permite la difusión de patrones de consumo que no guardan correspondencia con los bajos niveles de ingreso de esa mayoría. Puede esperarse que se acuda a expedientes cada vez más drásticos para asegurar la efectividad de esta discriminación, ante el efecto de demostración ejercido por las nuevas formas de consumo que irradian de los centros dominantes y ante la presión derivada del crecimiento demográfico de los países pobres. La presión financiera ejercida sobre los países subdesarrollados que cayeron en el garlito del endeudamiento externo, presagia las formas de control que se ejercerán en el futuro con el propósito de contener la expansión del consumo en el mundo subdesarrollado.

El desafío al que se hace frente en el umbral del siglo XXI es el de alterar el curso de la civilización, cambiando su eje, en un periodo histórico relativamente corto, de la lógica de los medios, puesta al servicio de la acumulación, a la lógica de los fines, en función del bienestar social, del ejercicio de la libertad y de la cooperación entre los pueblos. Responder a ese desafío será la tarea central entre las que reclamarán la atención del hombre en el transcurrir del nuevo siglo: establecer nuevas prioridades para la acción política en función de una nueva concepción del desarrollo, que coloque a éste al alcance de todos los pueblos y que permita preservar el equilibrio ecológico en el planeta. El espantajo del subdesarrollo debe ser neutralizado. El principal objetivo de la acción social tiene que dejar de ser la reproducción de los patrones de consumo de las minorías opulentas y orientarse a la satisfacción de las necesidades fundamentales de la población y a la educación concebida como desarrollo de las potencialidades humanas en los ámbitos ético, estético y de la acción solidaria. La creatividad humana, ahora orientada de manera obsesiva a la innovación técnica al servicio de la acumulación económica y el poderío militar, debe reorientarse a la búsqueda del bienestar colectivo, concebido como la realización de las potencialidades de individuos y comunidades en convivencia solidaria.

Una idea que ahora empieza a despuntar es la de la responsabilidad de los países que integran la vanguardia de la civilización industrial en relación con los deterioros —que es muy costoso, pero no imposible, reparar— causados al patrimonio común de la humanidad, constituido por los recursos naturales y por la herencia cultural. La Conferencia de las Naciones Unidas sobre Medio Ambiente y Desarrollo, realizada en Río de Janeiro en 1992, constituyó la plataforma en la que, por primera vez, se defendió la tesis de que existe una *factura ecológica* a cargo de los países que, ocupando posiciones de poder, se beneficiaron de la impresionante destrucción de recursos naturales no renovables, o renovables a alto costo, que da base al estilo de vida de sus poblaciones y al modo de desarrollo difundido en todo el mundo por sus empresas. En un trabajo reciente de la CEPAL, presentado a la Conferencia de Tlatelolco, en México, preparatoria de la Conferencia de Río, se definieron las responsabilidades de los países ricos en cinco áreas en que ha sido particularmente grave la degradación ambiental: destrucción de la capa de ozono; cambio climático; reducción de la biodiversidad en los países del Tercer Mundo; contaminación de ríos, océanos y suelos, y exportación de residuos tóxicos.

El modelo de desarrollo que debe ser implantado progresivamente en el próximo siglo puede ser diseñado a partir de dos ideas-fuerza: *a)* dar prioridad a la satisfacción de las necesidades fundamentales a que se refiere la Declaración Universal de los Derechos del Hombre, en el marco de un desarrollo orientado a estimular la iniciativa individual y la solidaridad, y *b)* establecer la responsabilidad internacional por el deterioro del patrimonio natural del mundo.

Los objetivos estratégicos son claros:

a) preservar el patrimonio natural, cuya actual dilapidación conduciría de manera inexorable a la declinación y colapso de la civilización, y
b) liberar la creatividad de la lógica de los medios

(acumulación económica y poderío militar) para ponerla al servicio de la lógica de los fines: el pleno desarrollo de los seres humanos, concebido como un fin en sí mismos por ser éstos titulares de valores inalienables.

Estos objetivos deben plantearse como un proyecto cuya realización exige, si no la cooperación de todos los pueblos, al menos la toma de conciencia progresiva de la mayoría de ellos.

Frente a la amenaza de destrucción de la especie humana, derivada de la acumulación de las armas nucleares, emergió hace medio siglo el embrión de un ente político que ha venido estableciendo vínculos de interdependencia entre los pueblos, que van más allá de las relaciones tradicionales de dominación y dependencia. En ese marco se inició el largo y difícil aprendizaje de convivencia entre pueblos, que siguen enfrentados por motivos económicos, religiosos, culturales o simplemente debido a su respectiva herencia histórica. Ese ente político, aún en formación, son las Naciones Unidas, organización a la que dediqué diez años de mi vida y en la que aprendí a ver el mundo como una metrópoli contradictoria que es, al mismo tiempo, una aldea en formación, pues hay fuerzas poderosas que alimentan un proceso de acercamiento entre los pueblos que torna imperativa la solidaridad.

La amenaza de destrucción nuclear, primero, y el desastre ambiental que ahora empieza a configurarse impiden la supervivencia de los pueblos en ausencia de la cooperación. El camino de esa cooperación pasa por el cambio de rumbo de una civilización dominada por la lógica de los medios, en la que la acumulación se sobrepone a todo lo demás.

En lo que más directamente nos concierne, ese cambio de rumbo exige el abandono de muchas ilusiones, el exorcismo de los fantasmas de una modernidad que nos condena a un mimetismo cultural esterilizador. Debemos reconocer nuestra situación histórica y abrir camino al futuro a partir del conocimiento de nuestra realidad. La primera condición para librarse del subdesarrollo es la de escapar a la obsesión de reproducir el perfil de aquellos que se autocalifican como desarrollados. Es asumir nuestra propia identidad. En la actual crisis de la civilización, sólo la confianza en nosotros mismos podrá restituirnos la confianza de llegar a buen puerto.

En el nuevo marco que ahora se configura, el destino de los pueblos dependerá menos de las articulaciones de los centros de poder político y más de la dinámica de las sociedades civiles. Sin que el Estado tienda a disolverse, de acuerdo con la utopía socialista del siglo XIX, se tornará imposible que sea controlado por minorías de espíritu totalitario, si es eficaz la vigilancia de la sociedad civil internacional que está surgiendo. La conciencia de que es la supervivencia misma de la especie humana la que está en juego, consolidará los sentimientos de solidaridad y favorecerá el fortalecimiento de la figura del ciudadano, empeñado en la defensa de los valores comunes a todos los hombres y que sabe que esa lucha no permite discriminaciones, excepto en defensa de la libertad misma.

No pueden cerrarse los ojos a la evidencia de que la supervivencia humana depende del rumbo que tome una civilización que ha sido la primera en disponer de los medios para su propia destrucción. La posibilidad de hacer frente a ese desafío demuestra que la posibilidad de supervivencia existe. Pero es imposible disminuir la magnitud de la responsabilidad de los hombres llamados a tomar ciertas decisiones políticas en el futuro. Sólo los ciudadanos conscientes de la universalidad de los valores que unen a los hombres libres pueden garantizar la idoneidad de las decisiones políticas.

VII. LA DIMENSIÓN CULTURAL DEL DESARROLLO

La amplitud que hoy se atribuye al concepto de política cultural es relativamente reciente. Se originó en la convicción de que el aumento de la riqueza material no siempre se traduce en un mejoramiento de la calidad de la vida. No aludo al hecho de que, en países de ingreso *per capita* alto, continúen existiendo amplios grupos de población que no alcanzan a satisfacer sus necesidades básicas, sino, más bien, a la existencia de grupos de población que, a pesar de disfrutar de mejorías significativas en sus niveles materiales de vida, continúan siendo prisioneros de moldes culturales muy estrechos. En realidad, la experiencia muestra claramente que la elevación de los niveles materiales de vida no va necesariamente acompañada de mejoramientos en la riqueza de la vida cultural, y se reproduce, más bien, la estratificación social existente en el pasado.

La acumulación de bienes suele dar lugar, en ciertos niveles de consumo, a aumentos del desperdicio, sin provocar una verdadera diversificación de su disfrute y sin dar lugar, por tanto, a un enriquecimiento efectivo de la vida. La reflexión sobre estos temas me llevó a examinar críticamente los modelos de desarrollo que solían recomendarse con entusiasmo a partir de los años cincuenta. Todos esos modelos se basan en la idea de que la lógica de la acumulación, en lo que se refiere al sistema de fuerzas productivas, debe prevalecer sobre el conjunto de factores que integran el proceso social. Se trata del principio según el cual, ya que son escasos los medios que están a disposición de las sociedades, el criterio que debe regir su utilización es el de eficiencia máxima, lo que supone un privilegio de lo cuantitativo.

Este razonamiento lleva implícita la noción de que los fines que determinan la ordenación social se comportan de manera autónoma respecto de los medios, y que este comportamiento refleja las opciones que los individuos prefieren en función de sus necesidades naturales, de sus aspiraciones y de sus ideales. Casi no se presta atención a las interrelaciones entre medios y fines, al hecho de que el control que individuos, grupos o países ejercen sobre los medios puede conducir a la manipulación de los fines de otros individuos, grupos o países.

Ahora bien, concibo los fines como valores de las colectividades, como sistemas simbólicos que definen las culturas. ¿Por qué no preocuparse, entonces, por el verdadero significado de las cosas, por las restricciones que limitan las opciones básicas de los individuos, por la lógica de los fines? Si la política de desarrollo tiene por objetivo enriquecer la vida de los hombres, su punto de partida tendría que ser la percepción de los fines, de los objetivos que se proponen alcanzar los individuos y las comunidades. Por ello, es la dimensión cultural de esa política la que debe prevalecer sobre todas las demás.

En páginas anteriores, con otros enfoques analíticos, ofrecí una visión crítica de los modelos de desarrollo que han sido seguidos en la civilización industrial. Desde hace mucho tiempo se sabe que los procesos productivos consumen energía, destruyen recursos naturales no renovables, aumentan la entropía del universo. La percepción de estos hechos puso en claro la conveniencia de observar los sistemas económicos de manera global y, en especial, de examinar los efectos de su integración en escala mundial, lo que pone en evidencia las relaciones entre fines y medios. Dicho más modestamente, si la agricultura que se practica en un país destruye los suelos y la restauración de éstos supone costos crecientes, es claro que los intereses de la actual generación, apoyados en criterios económicos, entran en conflicto directo con los intereses de generaciones futuras. Esto mismo puede decirse de todo sistema productivo basado en la explotación de recursos no renovables, siendo éste, de manera especialmente notoria, el caso de los países que viven del ingreso derivado de la explotación del petróleo.

El enfoque ecológico permitió afinar esta visión crítica al explicitar los costos no contabilizados de los procesos productivos.

Empero, lo que directamente me preocupa aquí es la dimensión cultural. La cultura debe ser vista, al mismo tiempo, como un proceso de acumulación y como un sistema, es decir, como algo que dispone de coherencia interna y cuya totalidad no se explica cabalmente por los significados de las partes gracias a los efectos de sinergia.

En este sentido, lo que caracteriza a las sociedades que se insertaron en el comercio internacional como exportadoras de unos cuantos productos primarios y que, subsecuentemente, tuvieron un proceso de industrialización basado en la sustitución de importaciones, es que la acumulación de bienes culturales que se da en ellas está en gran parte determinada desde el exterior, en función de los intereses de los grupos que controlan las transacciones internacionales: la coherencia interna del sistema de cultura está, por tanto, sometida a presiones destructoras. Pensar, e incluso vestirse, de forma disfuncional pueden ser estilos de vida llevados al extremo; ciertas formas de urbanización pueden conducir a la destrucción de un importante patrimonio cultural.

Lo anterior explica que el desarrollo material de los países de economía dependiente tenga un costo cultural particularmente grande. Las discontinuidades entre el presente y el pasado no son sólo el fruto de rupturas creativas, sino que más frecuentemente reflejan el predominio de la lógica de la acumulación sobre la coherencia del sistema de cultura.

Ésta es la razón por la cual las sociedades en las que las corrientes de nuevos bienes culturales poseen gran autonomía respecto del sistema de cultura propio —cuya coherencia está sometida a prueba de manera permanente— precisan, más que otras, de una política cultural. De ahí la importancia del concepto de identidad cultural, que expresa la idea de mantener con el pasado una relación enriquecedora del presente.

Al hacer referencia a identidad cultural, aludo a la coherencia del sistema de valores desde un doble punto de vista, sincrónico y diacrónico. Ése es el ámbito de mayor amplitud que debe ser abarcado por la política de desarrollo, tanto económico como social. Únicamente una clara conciencia de identidad puede dotar de sentido y dirección al esfuerzo permanente de renovación del presente y de construcción del futuro que constituye el desarrollo. Sin ella, se permanece sometido a la lógica de los instrumentos, que se torna tanto más perentoria en tanto tiende a estar gobernada por la dimensión tecnológica.

VIII. EL RIESGO DE INGOBERNABILIDAD*

Aumento de la dependencia

Teniendo el ahorro interno como base esencial de financiamiento, la economía brasileña alcanzó, durante largo tiempo, una tasa de crecimiento relativamente alta. Ahora, las tasas de crecimiento son bajas, las inversiones están deprimidas y el país se halla inmerso en un proceso de considerable endeudamiento externo. El desajuste macroeconómico es evidente. De acuerdo con los datos del Instituto Brasileño de Geografía y Estadística (IBGE), el déficit anual de la cuenta corriente de la balanza de pagos superó, en 1997, los 30 mil millones de dólares, al tiempo que el valor de las exportaciones fue cercano a los 50 mil millones y el de las importaciones del orden de 62 mil millones. La mitad de las importaciones se financia con endeudamiento externo, y el país se conforma con una tasa de crecimiento económico que no es muy diferente de la tasa de aumento de la población. Gran parte de ese endeudamiento se destina a financiar el consumo, al tiempo que, para tranquilizar a los especuladores, se mantienen cuantiosas

* Una primera versión de este texto apareció en el *Jornal dos Economistas,* núm. 97, mayo de 1997, Río de Janeiro.

reservas y se pagan réditos elevados. Todo esto se traduce en la esterilización del ahorro y en un riesgo creciente de ingobernabilidad del país. Si se depende cada vez más de los recursos externos, cualquier descalabro en la coyuntura internacional puede tener consecuencias desestabilizadoras, con repercusiones políticas. Así, la inestabilidad macroeconómica potencial apunta hacia la ingobernabilidad.

¿Qué tipo de globalización?

Todo gobierno democrático supone la diversidad de opiniones. A mayor diversidad, se requiere más firmeza en el liderazgo. Se sabe que en el actual gobierno brasileño hay personas preocupadas seriamente por las consecuencias de la globalización indiscriminada que preconizan algunos círculos de negocios. Lo anterior quedó de manifiesto en la reciente discusión con los norteamericanos respecto del proyecto de establecimiento del Área de Libre Comercio de las Américas (ALCA).

No puede pasarse por alto que la actual es una época de enorme concentración del poder, que favorece a las grandes empresas. La tecnología moderna estimula ese proceso, pero no puede desconocerse que la fisonomía del mundo actual fue moldeada por fuerzas políticas. La globalización tiene muy evidentes consecuencias negativas, entre las que destacan la creciente vulnerabilidad externa y el agravamiento de la exclusión social. En los Estados Unidos, la exclusión social se manifiesta como concentración del ingreso y de la riqueza; en Europa occidental, como desempleo abierto. El gran desafío consiste en minimizar los males resultantes de la pérdida de control provocada por la globalización, y para responder a él se requieren políticas que tengan en consideración la especificidad del país.

Por ello, la globalización dista mucho de forzar a la adopción de políticas uniformes. El espejismo de un mundo que se comporta con arreglo a un solo juego de reglas, dictadas por un super-FMI, sólo existe en la imaginación de algunas personas. Las diferencias entre las economías no se derivan sólo de factores económicos, sino también de la diversidad de características culturales y de particularidades históricas. La idea de que el mundo tiende a homogeneizarse se deriva de una aceptación acrítica de las tesis economicistas.

El debate que actualmente domina el escenario europeo se centra en las formas de evitar que la globalización agrave la exclusión social. Los resultados de las elecciones de 1997 en el Reino Unido y en Francia muestran que ese problema captura la atención de la ciudadanía. En Brasil, es evidente que la cuestión social exige una política de amplio alcance, dado que el desempleo es resultado tanto del estancamiento de la economía como de su crecimiento. Algunos proyectos emprendidos por entidades gubernamentales, como la restructuración de la industria siderúrgica, son grandes generadores de desocupación. Se parte del principio de que no hay objetivo de mayor importancia que el de aumentar la capacidad competitiva internacional. ¿Cómo ignorar que también son fundamentales el combate del hambre y de la exclusión social? Lo grave es que los grupos que más se benefician con la globalización son los de mayor peso político, por lo que su lógica económica tiende a imponerse.

La estrategia de desarrollo que privilegia la inserción internacional reduce el peso político de la clase trabajadora, en especial del sector sindicado. Se trata de una manera de flexibilizar el sistema económico y de reducir los salarios. Existe un movimiento generalizado que se orienta a aumentar la productividad microeconómica, con abandono de los efectos sociales. Ahora bien, lo importante no es la competitividad en sí. Brasil siempre fue competitivo en algunos sectores. Así lo demuestra el hecho de que el país haya sido capaz, en un periodo relativamente corto, de transformar profundamente la estructura de sus exportaciones, al tiempo que establecía una de las principales plantas industriales del mundo. Conocí un Brasil limitado a exportar unos cuantos productos primarios y seguí la trayectoria que lo convirtió en el importante exportador de manufacturas que ahora es. Empero, elevar la competitividad internacional al rango de objetivo estratégico al que se subordina todo lo demás, equivale a instalarse en una situación de dependencia similar a la de la época preindustrial.

La globalización es, por encima de todo, un fenómeno financiero, con consecuencias significativas sobre los sistemas de producción. Ahora, las grandes empresas proyectan su localización teniendo en cuenta el conjunto del planeta. Esto es evidente en la industria de automotores. Es positivo el efecto final sobre el comercio internacional, pero se requiere proceder a ajustes importantes. En el medio siglo que siguió a la segunda Guerra Mundial, el crecimiento del comercio internacional fue más del doble del crecimiento de la producción mundial. Esto muestra que, en ese periodo, hubo una importante apertura de las economías, a pesar de que en buena parte del mismo predominó la visión surgida de Bretton Woods, según la cual la balanza de pagos era algo demasiado importante para permitir que dependiera del mercado.

La presión de las fuerzas sociales

Son muchos los que se preguntan por qué, a diferencia de lo que preveían los heraldos de la doctrina liberal, la internacionalización de las estructuras productivas no está trayendo consigo una reducción de las disparidades en el ingreso. Ello se debe a que la distribución del ingreso, tanto en el plano nacional como en el internacional, es una cuestión determinada fundamentalmente por factores políticos. Si el mundo hubiese evolucionado con arreglo a los cánones de un capitalismo puro, el ingreso estaría más concentrado de lo que ahora ocurre. Sin embargo, desde el siglo pasado, las fuerzas sociales contestatarias fueron muy aguerridas en Europa e interfirieron en las estructuras del poder político, abriendo espacio para reformas estructurales importantes, como la reducción de la jornada de trabajo.

Lo anterior demuestra que la formación de las sociedades modernas no sólo refleja la aparición de nuevas técnicas, sino que ha sido un proceso con amplias proyecciones sociales. Fue gracias a la presión de las fuerzas sociales como los salarios se elevaron, acompañando a los mejoramientos de la productividad; que se establecieron sistemas de seguridad social, y que se definieron políticas de asistencia a las regiones menos desarrolladas. Al modificar el perfil de la distribución del ingreso, esas nuevas fuerzas políticas cambiaron la fisonomía de la sociedad y, paradójicamente, engendraron en ella nuevas formas de dinamismo.

Si se hubiese mantenido la tendencia a la concentración del ingreso, se habría manifestado la estrechez de los mercados. Las crisis cíclicas habrían sido todavía más agudas. Si se atenuaron, fue porque el capitalismo cambió debido a la presión ejercida por las masas. La expresión de este fenómeno en términos de política económica se encuentra en el keynesianismo, que legitima el recurso creciente a instrumentos políticos en la conducción económica, abriendo la era de la social democracia. Incluso en los Estados Unidos, donde el desarrollo del capitalismo estuvo menos restringido por factores institucionales, el Estado ejerció su acción para defender algunos sectores de la actividad económica o ciertos intereses regionales.

Puede comprobarse que el capitalismo benefició, a lo largo de todo un siglo, a grupos sociales cada vez más amplios, no tanto porque se hayan abatido las desigualdades de ingreso, sino porque pudo darse satisfacción a las necesidades básicas de la mayoría de la población. Factores históricos específicos influyeron en esta evolución, dando lugar a resultados muy diversos. Al comparar la formación histórica de los Estados Unidos con la de Brasil, se advierte que en el país del norte fue el modelo de colonización, de ocupación del territorio, el que preparó a la sociedad para la modernización. Se definió allí un modelo social basado en la división patrimonial de la tierra, mientras que en Brasil persistió, a lo largo del proceso de expansión territorial, la apropiación extremadamente concentrada de la tierra que se manifestó desde el principio. En suma, los estadunidenses partieron de un modelo social que estimulaba la difusión de los frutos del progreso técnico, lo que permitía e impulsaba las inversiones directas en el desarrollo de los recursos humanos y abría espacio para la iniciativa individual. No se requiere mucha imaginación para advertir que se dio así un marco privilegiado para el florecimiento del espíritu capitalista, en el sentido en que lo entendió Max Weber.

Demoró mucho la percepción de la importancia de las inversiones en los recursos humanos. Tomé conciencia de este hecho cuando presenté el Plan

Trienal, a principios de los años sesenta.[1] Darcy Ribeiro,[2] que se encargó de desarrollar esa parte, hizo un proyecto audaz y lúcido; a mí me correspondió presentarlo y conseguir para él la aprobación del Consejo de Ministros. Con el plan de Darcy, el problema de la educación básica, que es el más difícil, habría sido resuelto en esa generación. Desgraciadamente, la historia del país tomó un rumbo que es bien conocido,[3] y se dio prioridad a otros objetivos.

El Movimiento de los Trabajadores Rurales Sin Tierra

Lo anterior no significa que la historia no nos tenga reservadas algunas sorpresas.

Consideremos ese fenómeno sorprendente que es la migración de los pobladores de las ciudades hacia las áreas rurales, en búsqueda de ocupación productiva. En la historia moderna, los movimientos de población —excepto las migraciones internacionales— se han dado siempre en el sentido inverso: del campo a las ciudades. La población que abandona las zonas rurales, desplazada por el progreso técnico, lucha denodadamente por obtener empleo en las áreas urbanas. Si los mercados

---

[1] El Plan Trienal, de 1963, fue elaborado durante el gobierno de Joao Goulart. [N. del T.]
[2] Darcy Ribeiro (1922-1997), destacado antropólogo, educador, político e intelectual. [N. del T.]
[3] Alusión al golpe militar del 1º de abril de 1964. [N. del T.]

urbanos resultan incapaces de continuar absorbiendo mano de obra, se producen los fenómenos del desempleo estructural y de la exclusión social, presentes en gran número de países con diferentes niveles de desarrollo. Este problema está siendo abordado en Europa mediante cambios en la estructura del empleo. En algunos países de Asia se ha recurrido nuevamente a los antiguos métodos de expulsión de la población extranjera. Se trata de un problema del que muy pocos países podrán escapar. En Brasil se hace frente a una situación inusitada: hay una enorme disponibilidad de tierras cultivables; hay grupos de trabajadores que desean volver al campo, de donde fueron expulsados no hace mucho tiempo, y hay una demanda potencial de productos agrícolas, dentro y fuera del país.

En Brasil, la única nueva fuerza social con gran capacidad de movilización es el Movimiento de los Trabajadores Rurales Sin Tierra (MST), que persigue objetivos elementales: lucha contra el ancestral régimen de tenencia de la tierra, que mantuvo al país en el atraso, y preconiza inversiones en pequeñas propiedades, en el sentido de promover el surgimiento de una sociedad civil más estructurada en las zonas rurales. Mediante una planeación adecuada, resulta por completo viable acomodar a gran parte de los actuales cuatro millones de trabajadores sin tierra en pequeñas unidades productivas. La organización de varias de sus actividades en forma de cooperativas les daría mayor consistencia y mejoraría su poder de negociación *vis-à-vis* las poderosas organizaciones comerciales.

El papel integrador del Estado

El Estado brasileño desempeñó un papel estratégico en la singular construcción que ha dado lugar a Brasil, país-continente, de sorprendente heterogeneidad étnica y homogeneidad lingüística e, incluso, cultural. Brasil nació y se formó como una creatura del Estado portugués, no desemejante de las compañías comerciales surgidas en el siglo de las grandes expediciones transoceánicas. Fue también resultado de la acción política deliberada el hecho sorprendente de que se haya preservado la unidad territorial en una fase histórica que estimuló la multiplicación de los estados-nación. También fue el Estado el encargado de coordinar los esfuerzos que permitieron responder al desafío de la industrialización. Cuando se habían logrado establecer los elementos básicos de un sistema productivo moderno y se habían creado las circunstancias para completar la construcción nacional en el plano social, se produjo una reversión del proceso histórico. La cerrazón del proceso político, al destruir las bases de la convivencia democrática, dio inicio a un proceso de dilapidación del Estado. Éste sufrió una metamorfosis, creciendo desordenadamente y escapando al control de la sociedad civil.

La disfuncionalidad del aparato estatal se percibe fácilmente en el sector financiero. En épocas pasadas, el sector público solía contribuir a la formación de capital con, por lo menos, 5% del PIB, aunque parte de estos recursos tenía origen en la inflación. Ahora, existe el consenso de que no debe recurrirse a la inflación para el financiamiento de la inversión. Así, sólo un cambio en la base tributaria podría sustituir el papel de la inflación; es decir, sólo el Estado podría corregir la tendencia de las clases medias al consumismo.

La opción consiste en modificar a fondo el perfil de la distribución del ingreso, lo que se vuelve más difícil a medida que avanza la globalización, o realizar una reforma fiscal que asegure un aumento sustancial de la tasa de ahorro.

La política económica de Brasil debería adoptar como objetivo estratégico la expansión del mercado interno, lo que significa dar prioridad a los intereses de la población. El motor principal del mercado interno es la masa de salarios. La inserción internacional es importante por muchas razones: permite completar la disponibilidad de recursos naturales; ayuda a dar mayor flexibilidad al sistema productivo; facilita el acceso a las tecnologías de avanzada; amplía, dentro de ciertos límites, el monto de ahorro disponible, etc. Mas, en una economía de las características de la brasileña, todos estos factores tienen un papel apenas complementario. Lo esencial es el crecimiento del mercado interno, del que dependen nueve décimas partes de la economía.

Sólo la ignorancia o la mala fe permitirían confundir esta opinión con una prédica en favor de cerrar la economía. Durante el largo periodo en que Brasil mantuvo una política de defensa de su mercado interno, las empresas transnacionales realizaron fuertes inversiones en el país, como se advierte en el establecimiento de una gran industria de automotores a partir de los años sesenta. El objetivo inmediato no fue la competitividad internacional, como lo muestra el que, en muchos casos, se hayan utilizado equipos que no eran los más modernos. Mas de esa forma se privilegió la expansión del mercado interno, objetivo este de mucho mayor alcance social.

El crecimiento económico debe ser visto como un medio para aumentar el bienestar de la población y de reducir el grado de miseria que flagela a una parte de ella. Como estos dos objetivos son cualitativamente diferentes, debe tenerse mucho cuidado al utilizar índices que pretenden medir el bienestar promedio de la población. ¿Cómo sumar o restar valores de naturaleza distinta como son la satisfacción y el dolor? Los estudiosos del desarrollo tienen que enfrentarse a paradojas de este tipo. Tal vez lo más apropiado sea presentar dos mapas: el del bienestar social y el de la penuria social. En este último mapa, se podrían reflejar en forma adecuada el hambre y la exclusión social y quedarían mostrados explícitamente los efectos negativos del proceso de globalización. La competitividad internacional podría medirse en términos de extinción de empleos y ésta en términos del hambre impuesta a algunos segmentos de la población. Si a los costos sociales se suman los costos ambientales, se llegaría a la conclusión de que los datos actualmente utilizados para medir o expresar el comportamiento de la economía brasileña son totalmente inadecuados. Se concluiría también que tales datos, al ocultar la realidad, se tornan instrumento de los grupos que integran las estructuras de dominación que dan sustento a la estrategia de globalización.

ÍNDICE

Prefacio 7

I. *El largo camino de la utopía* 9
  Influencias intelectuales. 9
  La actividad del investigador 10
  Imaginación *versus* ciencia institucionalizada 12
  Elaboración de *La formación económica del Brasil* 17
  Las clases dominantes 20
  La importancia de Prebisch 22
  Surgimiento del subdesarrollo 24
  Papel de las organizaciones sociales . . 26
  Función del Estado-nación. 27

II. *El nuevo capitalismo* 30

III. *Globalización e identidad nacional* 42
  El proceso de globalización 42
  La preservación de la identidad nacional 47

IV. *La superación del subdesarrollo* 57
  1. Colectivización de los medios de producción 61
  2. Prioridad a la satisfacción de las necesidades básicas 63
  3. Aumento de la autonomía externa . . 65

V. *Relectura de mis primeros ensayos teóricos* 69
    Pensar en Brasil 69
    La teoría del subdesarrollo 73

VI. *Los nuevos desafíos* 77

VII. *La dimensión cultural del desarrollo* . . . 87

VIII. *El riesgo de ingobernabilidad* 92
    Aumento de la dependencia. 92
    ¿Qué tipo de globalización? 93
    La presión de las fuerzas sociales 96
    El Movimiento de los Trabajadores Rurales Sin Tierra. 99
    El papel integrador del Estado 101

Este libro se terminó de imprimir y encuadernar en el mes de enero de 1999 en los talleres de Impresora y Encuadernadora Progreso, S. A. de C. V. (IEPSA), Calz. de San Lorenzo, 244; 09830 México, D. F. En su composición, parada en el Taller de Composición Electrónica del FCE, se utilizaron tipos Times Europa de 10:12 y 8:9 puntos. La edición, que consta de 2 000 ejemplares, estuvo al cuidado de *Julio Gallardo Sánchez*.

Colecciones del FCE

A la Orilla del Viento
Administración Pública
Antología de la Planeación en México
Antropología
Arte Universal
Biblioteca Americana
Biblioteca de la Salud
Biblioteca Mexicana
Breviarios
Ciencia y Tecnología
Clásicos de la Historia de México
Colección Popular
Colección Puebla
Cuadernos de *La Gaceta*
Diánoia
Economía
Ediciones Científicas Universitarias
Educación
El Trimestre Económico
Fideicomiso Historia de las Américas
Filosofía
Fondo 2000
Historia
La Ciencia para Todos

La Gaceta del FCE
La Industria Paraestatal en México
Lecturas de *El Trimestre Económico*
Lengua y Estudios Literarios
Letras Mexicanas
Libros de Texto de Secundaria
Nueva Cultura Económica
Política y Derecho
Psicología, Psiquiatría y Psicoanálisis
Río de Luz
Sociología
Tezontle
Tierra Firme
Travesías
Vida y Pensamiento de México